FiNALE Prüfungstraining

Hauptschulabschluss

Basiswissen

Deutsch

Dr. Jelko Peters

westermann

Druck A[1] / Jahr 2011
Alle Drucke der Serie A sind im Unterricht parallel verwendbar.

Redaktion: Katrin Spiller
Kontakt: finale@westermann.de
Lay-out und Herstellung: Sandra Grünberg
Umschlaggestaltung: Sandra Grünberg
Satz: KCS GmbH, Buchholz/Hamburg
Druck und Bindung: westermann druck GmbH, Braunschweig

ISBN 978-3-14-**170000**-8

Inhalt

Vorwort

Liebe Schülerin, lieber Schüler,

das FINALE-Basiswissen soll dir helfen, dich im Fach Deutsch auf Klassenarbeiten und auf deine Abschlussprüfung zum Ende der 10. Klasse vorzubereiten. Dazu wurde das FINALE-Basiswissen in zwei Teile gegliedert.

Im ersten Teil hast du die Möglichkeit, die schriftlichen Aufgabenformen und Aufgabentypen, so wie sie als Abschlussprüfungen vorkommen, zu erarbeiten, zu trainieren und zu wiederholen. Zu sieben verschiedenen Aufgaben wird dir in jeweils sechs Schritten anhand von Beispielaufgaben genau erklärt, worauf du bei der Lösung einer Schreibaufgabe zu achten hast. Eine Beispiellösung und ein Selbstbeurteilungsbogen mit Hinweisen zur Nachbearbeitung helfen dir, deine Ergebnisse zu verbessern.

Wichtige Fachbegriffe werden in blauer Farbe unterlegt. Das ist für dich ein Hinweis, dass du zu diesem Wort im Basiswissen, dem zweiten Teil des Buches, eine Erklärung findest. Dort werden die wichtigsten Fachbegriffe aus den Bereichen Literatur, Sachtexte, Grammatik, Rechtschreibung und Arbeitstechniken erläutert, die du für die Erschließung von literarischen Texten und Sachtexten benötigst. Über das Stichwortregister findest du leicht die Seite, auf der der Begriff erklärt wird.

Ich wünsche dir ein erfolgreiches Finale im Fach Deutsch.

Jelko Peters

Teil I: Zu Texten schreiben

1 Literarische Texte analysieren und interpretieren

1.1 Einen erzählenden Text analysieren und interpretieren

Im Folgenden wird dir an einem Beispiel mit Aufgabenstellung vorgestellt, worauf du bei einer Analyse eines erzählenden Textes achten musst. Dabei wird die Textanalyse in sechs Arbeitsschritte eingeteilt:

1. Sich über die Aufgabenstellung und den Text orientieren
2. Den Text lesen und die Inhalte erfassen
3. Den Text untersuchen und auswerten, die Beurteilung vorbereiten
4. Einen Schreibplan anlegen
5. Eine Textanalyse schreiben
6. Die Textanalyse überarbeiten

Erster Schritt: Sich über die Aufgabenstellung und den Text orientieren

Als Erstes solltest du dich mit der Aufgabenstellung vertraut machen. Von dem richtigen Verständnis der Aufgabenstellung hängt es ab, ob du eine gute Analyse des Textes schreiben kannst.

Aufgabenstellung:

1. Analysiere und interpretiere den Romanauszug „Chatroom-Falle" von Helen Vreeswijk. Gehe dabei so vor:
   a) Fasse den Inhalt des Romanauszugs zusammen. Formuliere dazu auch eine Einleitung (Autorin, Titel, Textart, Jahr, Thema).
   b) Beschreibe wie Floor und Marcia jeweils mit dem Internet umgehen.
   c) Untersuche die im Text abgedruckte Internetsprache. Gehe dabei vor allem auf den Satzbau und sprachliche Besonderheiten ein.
2. Denise meint: „Floor sollte unbedingt auf die Mail von der Agentur antworten. Das ist ihre große Chance." Setze dich mit der Frage auseinander, ob du Denise zustimmen kannst. Begründe deine Meinung und beziehe dich dabei auf den Text.

▶ In der Aufgabenstellung sind die Anweisungen unterstrichen. Diese Anweisungen nennt man Operatoren. Du musst sie genau beachten, um die Aufgaben richtig lösen zu können. Auf S. 152–156 kannst du die Operatoren nachschlagen. Suche die Operatoren für die Aufgabenstellung oben heraus. Mache dir bewusst, was von dir erwartet wird.

Chatroom-Falle (2009)

Helen Vreeswijk

Mit Gebäck und Limo setzten sich die Mädchen erwartungsvoll vor den Computer. Floor öffnete ihre Mailbox und bekam Herzklopfen, als sie sah, dass Fabian geschrieben hatte.

Hallo Floor,

Erik hat mich gefragt, ob ich am Samstag mit nach Herzogenbusch komme. Erst hatte ich keine Lust, aber dann habe ich dein Foto gesehen ... Ich würde dich gern kennenlernen. Bis Samstag.

Fabian

Mit vor Aufregung geröteten Wangen knabberte Floor an ihren Fingernägeln. »Jetzt muss ich ihm zurückschreiben, oder? Was soll ich bloß antworten? Ich kenne Fabian doch gar nicht.«

»Ganz einfach: dass dir sein Foto auch gefallen hat und dass du ... Los, rutsch mal! Ich mach das schon.« Rasend schnell tippte Marcia eine Antwort. »Wird allmählich Zeit, dass du lernst, wie das mit den Jungs läuft. Du musst selbstbewusst sein! Mit deinen ganzen Komplexen vergraulst du sie nur.«

Floor machte eine gekränkte Miene, sodass Marcia ihre Bemerkung sogleich bereute.

»Komm, wir sehen mal nach, ob du schon ein paar Verehrer hast«, sagte sie rasch, um Floor versöhnlich zu stimmen. Marcia klickte Floors Profil auf der Flirtsite an und zählte die eingegangenen Nachrichten.

»Sieben! Ich hab's dir ja gesagt!« Marcia las die erste Nachricht laut vor:

Ich heiße Tim und bin 16. Gutes Foto. Wie ich sehe, stehst du auf Motocross. Finde ich cool! Fährst du auch selber? Ich bin eher Skater.

Die Mädchen betrachteten das mitgeschickte Foto. »Seine Frisur ist irgendwie doof«, meinte Marcia. »Und außerdem ist er erst sechzehn.«

»Und wir fünfzehn!«, erinnerte sie Floor. »Er ist wenigstens ehrlich.«

»Oder auch nicht. Vielleicht ist er in Wirklichkeit erst zwölf. Was soll ich ihm antworten?«

»Was Nettes. Schreib, dass ich Skaten auch gut finde.«

»Soll ich fragen, wo er wohnt?«

»Ja. Und in welche Schule er geht und ob er auch ein Profil hat.«

»Siehst du, dir fallen ja doch Fragen ein. Noch ein bisschen üben, dann hast du's drauf.« […]

Ein Signal ertönte und gleich darauf erschien die Meldung, dass Badman Kontakt suchte. Marcia schob Floor die Tastatur hin. Ein wenig widerwillig klickte sie den Nickname an.

Hallo, Süße! Super Foto. Was machst du denn gerade?:-)

Nachsehen, ob nette Jungs hier sind.

Bin zur Stelle. :-D

Wie alt bist du?

18. Und du?

15 …

»Mist! Jetzt hab ich aus Versehen mein richtiges Alter angegeben!«, stöhnte Floor. »Mal abwarten, wie er reagiert.«

15? In deinem Profil steht aber 17.

Tut mir leid, das ist falsch.

Kein Problem. Bist du an einem Sexdate interessiert?

Nein, auf keinen Fall!

Dann tschüs. […]

Marcia deutete auf den Bildschirm: »Hast du die Nachricht hier schon gesehen? Sie ist von Make It, einer Modelagentur.«

Hallo, Xandra,

wir sind durch dein Foto auf dich aufmerksam geworden. Unsere Agentur sucht ständig neue Gesichter für Modefotos in Mädchenzeitschriften. Dir ist sicherlich bekannt, dass es auch unseriöse Fotografen und Agenturen in unserer Branche gibt. Du kannst dir einen Eindruck von der Seriosität unserer Firma verschaffen, indem du dir unsere Website ansiehst. Wir zählen zu den Profis in der Branche und machen nur Fotos auf professionellem Niveau.

Wenn du Interesse an einer Zusammenarbeit hast, freuen wir uns auf eine Mail an die unten genannte Adresse.

Mit freundlichen Grüßen
Hans Groesbeek
Geschäftsführer
Modelagentur Make It

Die Mädchen hatten kaum zu Ende gelesen, als schon wieder zwei Namen aufblinkten.

»Floor, das ist fantastisch! Das musst du unbedingt machen. Ach, ich würde ja auch so gern …«

Floor gab sich gleichgültig. »Mal sehen. Wenn ich Zeit hab, seh ich mir die Website heute Abend an.«

aus: Helen Vreeswijk: Chatroom-Falle. Bindlach: Löwe 2009, S. 45-52

Zweiter Schritt: Den Text lesen und die Inhalte erfassen

▶ Lies dir den Romanauszug durch und mache dich mit dem Text vertraut.
- Kläre die Textstellen und Wörter, die dir unklar sind.
- Markiere Textstellen, die dir besonders wichtig erscheinen.

Dritter Schritt: Den Text untersuchen und auswerten, die Beurteilung vorbereiten

In der ersten Aufgabe wird von dir verlangt, dass du den Text von Helen Vreeswijk analysierst bzw. interpretierst. Bei einer Analyse kommt es vor allem darauf an, dass du den Text in seine Bestandteile zerlegst; bei der Interpretation zeigst du, wie du den Text verstehst, deutest und beurteilst. Analyse und Interpretation gehören zusammen.
Es werden dir zwar durch die Aufgabenstellung Schwerpunkte vorgegeben, die du bei deiner Analyse und Interpretation zu beachten hast. In diesem Fall sind es eine Zusammenfassung des Textinhalts und eine Untersuchung des Umgangs von Floor und Marcia mit dem Internet sowie die Internetsprache. Dennoch gibt es weitere Bereiche, die du bei jeder Analyse und Interpretation untersuchen musst. Du findest in der Tabelle rechts Fragestellungen und wichtige Hinweise für deine Untersuchung. Es ist allerdings nicht immer möglich, jede Frage zu beantworten.

Einen erzählenden Text analysieren

Bereich	Fragestellung
Handlung / Situation	• Ist der Text vollständig oder liegt dir nur ein Auszug vor? • Wovon handelt die Geschichte? Ist ein bestimmtes Thema zu erkennen? Kannst du ein zentrales Problem, einen Konflikt erkennen? • Wie ist die Handlung aufgebaut? • Welchen Bezug hat der Titel zum Text? • Findest du Rückverweise oder Vorausdeutungen? • Bleiben Fragen am Ende offen?

Bereich	Fragestellung
Zeit / Ort	• Wo spielt die Handlung? Gibt es Ortswechsel? • Spielt der Handlungsort eine besondere Rolle? Ist er außergewöhnlich? Wird er hervorgehoben? • Wann spielt die Geschichte? Gibt es Hinweise auf den Zeitpunkt der Handlung? • Wie lange dauert die Geschichte? Wie ist das Verhältnis von Erzählzeit und erzählter Zeit? • Gibt es Beispiele für Zeitdehnung oder Zeitraffung?
Figuren	• Welche Personen treten in der Geschichte auf? Erfährst du ihre Namen? • Sind Haupt- oder Nebenfiguren zu erkennen? • In welcher Situation befinden sich die Figuren? • Verfolgen die Personen bestimmte Interessen, Absichten? Wenn ja, welche? • Welche Charaktereigenschaften besitzen die Figuren? • Wie stehen die Personen zueinander? • Gibt es Gespräche im Text? Wer spricht miteinander? • Wie sprechen die Personen miteinander? • Wie sind die Redeanteile verteilt? • Was lässt sich aus der Körpersprache schließen? • Verändern die Personen ihre Einstellungen?
Erzählerische Merkmale des Textes	• Welche Textsorte liegt vor? Gibt es Hinweise für diese Textsorte? • Wie ist die Erzählhaltung und die Erzählperspektive? • Wie sind die Erzählform und die Erzählweise. • Welche Redeformen (z. B. innerer Monolog …) gibt es? • Welche Motive sind zu erkennen? Wie entwickeln sich die Motive?

Bereich	Fragestellung
Sprachliche Mittel	• Wie ist die Sprachform der Erzählerin bzw. des Erzählers? • Wie ist die Sprachform der Personen in den Dialogen? • Gibt es Auffälligkeiten bei der Verwendung der Zeitformen? Werden sie gewechselt? Was bewirkt dieser Wechsel? • Werden bestimmte Wortarten oder Wörter auffällig oft verwendet? • Welche Sprachbilder / Metaphern findest du, die für das Verständnis der Erzählung wichtig sind? • Mit welchen Attributen werden die Personen, Orte und wichtige Gegenstände beschrieben? • Welche Stilmittel fallen auf? Welche Funktionen übernehmen sie? • Welche Auffälligkeiten im Satzbau gibt es? Was bewirken sie?

▶ Erstelle auf einem A4-Blatt oder auf einer Karteikarte eine Mindmap, aus der hervorgeht, worauf du bei einer Analyse und Interpretation von Erzählungen achten muss. Benutze diese Mindmap als Lernkarte.

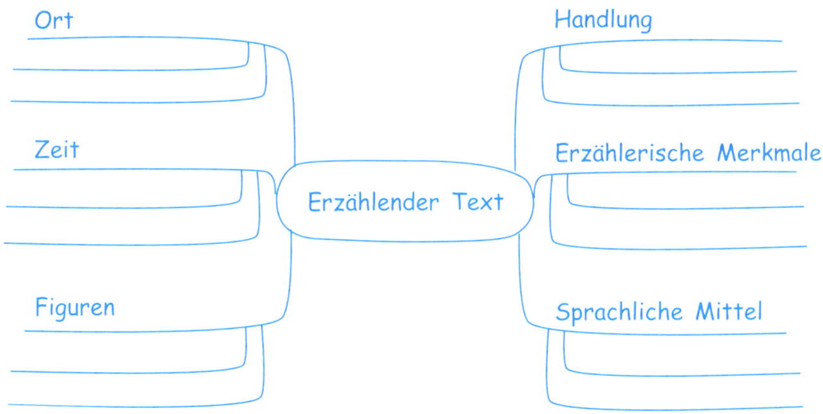

Einen erzählenden Text beurteilen

Es wird in der zweiten Aufgabe von dir verlangt, dass du Stellung zu einer Aussage über den Text nimmst. Auf diese Weise beurteilst du den erzählenden Text. Damit deine Beurteilung überzeugend wirkt, musst du zu den folgenden Bereichen Aussagen formulieren können. Es wird aber nicht immer jeder Bereich abgefragt. Achte deshalb genau auf die Fragestellung.

Bereich	Fragestellung
Bedeutung	• Wie wirkt der Text auf den heutigen Leser, wie wirkt er auf dich? • Welche gesellschaftliche Rolle oder Wirkung hat oder hatte der Text?
Beurteilung	• Welche Gestaltungsmittel machen den Text interessant? • Wie beurteilst du den zentralen Konflikt bzw. das Thema des Textes, das Problem, das Verhalten der Personen?

▶ Führe eine Analyse des Textes „Chatroom-Falle" von Helen Vreeswijk durch. Notiere deine Ergebnisse in Stichworten, als Cluster oder Mindmap.

Vierter Schritt: Einen Schreibplan anlegen

Wenn du eine Textanalyse planst und schreibst, teilst du anderen mit, wie du einen Text verstehst. Das Schreiben einer Interpretation ist also etwas Persönliches. Allerdings muss deine schriftliche Interpretation durch Hinweise auf Besonderheiten und bestimmte Merkmale des Textes verständlich, nachvollziehbar und begründet sein. Schreibe so, als würdest du deine Interpretation für jemanden schreiben, der den literarischen Text nicht kennt.
Wichtig ist, dass du dir über den Aufbau deines Textes Gedanken machst. Deine Ergebnisse sollten sinnvoll aufeinander aufbauen, und jeder Gesichtspunkt sollte in einem eigenen Absatz dargestellt werden.
Dabei werden durch die Aufgabenstellung Schwerpunkte gesetzt, die du bei der inhaltlichen Reihenfolge berücksichtigen musst.
Ein Schreibplan hilft dir, Ordnung in deine Gedanken zu bringen. Er kann so aussehen wie auf Seite 13, er kann aber noch durch weitere Stichwörter, die sich auf deine vorbereitenden Ausarbeitungen beziehen, erweitert werden.

Möglicher Schreibplan einer Textanalyse/Interpretation

Schreibplan

Aufgabe 1:
Einleitung: Vorstellung des Textes mit Autorin, Titel, Textart, Erscheinungsjahr, Thema
Hauptteil:
- Inhaltsangabe
- Beschreibung von Floors Umgang mit dem Internet
- Erläuterung von Marcias Umgang mit dem Internet
- Untersuchung der Beispiele von Internetsprache im Text

Aufgabe 2:
Stellungnahme zum Zitat mit Belegen
Abschließendes Fazit zum Text

▶ Entwirf einen Schreibplan zur Aufgabenstellung des Textauszugs „Chatroom-Falle" von Helen Vreeswijk.

Fünfter Schritt: Eine Textanalyse schreiben

Nun ist es soweit. Nach den vielen Vorbereitungen schreibst du deinen eigenen zusammenhängenden Text. Dazu gehört Folgendes:

- Ausformulieren der Stichworte bzw. der Mindmap in ganzen Sätzen zu einem zusammenhängenden Text,
- Formulieren von Überleitungen zwischen den Textteilen,
- durch Satzverknüpfungswörter Sätze verbinden,
- durch sprachliche und stilistische Mittel sowie Fachbegriffe den Text interessant gestalten,
- durch Zitate wichtige Aussagen über den Text belegen.

▶ Setzte deinen Schreibplan um und schreibe eine Textanalyse zum Textauszug „Chatroom-Falle" von Helen Vreeswijk.

Sechster Schritt: Die Textanalyse überarbeiten

Kein Aufsatz ist nach dem ersten Niederschreiben perfekt. Deshalb solltest du deinen Text noch mal durchlesen und überarbeiten. Dazu hilft dir die Checkliste.

CHECKLISTE

1. **Text inhaltlich überprüfen:**
   - Habe ich die Aufgabenstellung genau beachtet?
   - Ist das Thema vollständig dargestellt?
   - Habe ich mein Schreibziel erreicht?
   - Habe ich meine Pläne umgesetzt?

   Vergleiche dazu deinen Aufsatz mit deinen Auswertungen und deinem Schreibplan.

2. **Text sprachlich überarbeiten:**
   - Ist mein Text verständlich?
   - Sind meine Ausführungen logisch aufgebaut?
   - Habe ich jeden neuen Gedanken in einem eigenen Absatz dargestellt?
   - Habe ich Überflüssiges gestrichen?
   - Bin ich beim Thema geblieben?
   - Unterstützen meine Überleitungen den inneren Zusammenhang meines Textes?
   - Stimmen die Zitate und habe ich die Zitate in Anführungsstriche gesetzt und mit Zeilenangaben versehen?
   - Habe ich Satzverknüpfungswörter verwendet?
   - Ist mein Satzbau grammatisch richtig?
   - Sind Sprache und Wortwahl angemessen?
   - Habe ich die notwendigen Fachbegriffe verwendet?
   - Habe ich die richtige Zeitform gewählt?

3. **Text rechtschriftlich überprüfen:**
   - Sind Rechtschreibung und Zeichensetzung korrekt?
   - Habe ich, wenn ich unsicher bin, die Wörter nachgeschlagen?

▶ Überarbeite deinen Aufsatz.

Eine Interpretation zu „Chatroom-Falle" von Helen Vreeswijk

1. Der Auszug aus dem Roman „Chatroom-Falle" von Helen Vreeswijk, der zuerst 2009 erschien, beschreibt die ersten Versuche der fünfzehnjährigen Floor, im Internet Kontakte vor allem mit Männern bzw. männlichen Jugendlichen aufzunehmen. Dabei macht Floor nicht nur positive Erfahrungen, weshalb ich den Text als Warnung vor einem zu leichtfertigen Umgang mit dem Internet verstehe.

Floor und ihre Freundin Marcia sitzen vor einem Computer und lesen die Nachrichten, die Floor erhalten hat, nachdem sie ein Profil auf einer Flirtseite erstellt hatte. Dort nennt sie sich Xandra und gibt vor, 17 Jahre alt zu sein. Tatsächlich ist Floor aber 15 erst Jahre alt.

Zuerst lesen sie eine E-Mail von einem Fabian, der Floor kennenlernen möchte. Sie weiß nicht, wie sie auf die Nachricht reagieren soll. Als sie ihre Freundin Marcia fragt, übernimmt diese das Antworten. Das vorschnelle Handeln Marcias kränkt Floor, die noch nicht so viele Erfahrungen mit dem Flirten im Internet hat. Es kommt aber zu keinem Streit.

Danach lesen die Mädchen eine Nachricht von einem Tim und überlegen gemeinsam, wie sie auf seine Mitteilung antworten sollen. Diesmal ist es nicht Marcia allein, die schreibt, sondern auch Floor macht Vorschläge. Sie gehen auf Tims Nachricht ein, indem sie ihm mitteilen, dass Floor wie er das Skaten gut findet und sie fragen nach seiner Schule und seinem Profil.

Danach wird Floor von Badman zu einem Chat eingeladen. Beim Chat gibt Floor versehentlich ihr wahres Alter an. Aber Badman ist ihr Alter völlig gleichgültig, er will ein „Sexdate" mit ihr, was Floor ablehnt. Damit ist ihr Chat beendet.

Anschließend lesen Floor und Marcia eine E-Mail der Modelagentur Make it, die von Floor Aufnahmen für Mädchenzeitschriften machen will. Marcia reagiert sehr begeistert auf das Angebot und drängt Floor dazu, auf das Angebot einzugehen, während Floor sich zuerst die Homepage der Agentur ansehen will, bevor sie eine Entscheidung trifft.

Floor merkt man deutlich an, dass sie noch keine großen Erfahrungen mit dem Internet, sozialen Netzwerken oder der Flirtseite gesammelt hat. Sie weiß nicht, was sie schreiben soll, als sie eine Nachricht erhält, sondern ist sehr unsicher und aufgeregt, was man daran erkennen kann, dass ihre Wangen gerötet sind und sie auf den Fingernägeln knabbert (Z. 9). Beim Chatten vergisst sie, dass sie sich zwei Jahre älter gemacht hat (Z. 43). Immerhin weiß sie, dass man nicht alles glauben darf, was einem im Internet mitgeteilt wird. Denn sie beschließt erst die Seriosität der Agentur zu prüfen, bevor sie sich auf ein Fotoshooting einlässt. Allerdings will sie sich nur deren Internet-Seite ansehen.

Marcia dagegen kennt sich mit der Flirtseite, dem Schreiben von Nachrichten und wohl auch mit dem Chatten aus. Denn sie ergreift die Initiative, wenn es darum geht, Floors Nachrichten zu lesen und Antworten zu schreiben. Allerdings ist Marcia viel weniger misstrauisch als Floor. Das ist daran zu erkennen, dass Marcia nicht auf die Idee kommt, hinter E-Mail der Modelagentur jemand anderes zu vermuten. Sie wäre an Floors Stelle sofort dorthin gegangen, so begeistert ist sie von dem Angebot. Dabei ist es sicher Marcias Idee gewesen, dass sich Floor mit Xandra einen anderen Namen zulegt und sich älter macht.
Die abgedruckte Internet-Sprache unterscheidet sich nicht sehr von der übrigen Sprache in dem Textauszug. Durch den Kursiv-Druck wird sie zwar von dem übrigen Text abgehoben. Fabians und Tims Nachrichten könnten aber auch Briefe sein. Ihnen ist nicht anzumerken, dass sie im Internet geschrieben wurden. Die Nachricht der Modelagentur wurde sogar wie ein offizieller Brief mit Satzgefügen, Anrede und Grußformel verfasst. Nur die Sprache im Chat kann eindeutig als Internet-Sprache erkannt werden. Die Sätze sind kurz und bestehen teilweise nur aus einem Wort. Es gibt nur Satzreihen und keine Satzgefüge. Außerdem werden Emoticons verwendet, die man sehr oft in Chat benutzt. (Z. 37,39)
2. Ich bin nicht der Meinung von Denise, dass Floor unbedingt auf die Nachricht der Modelagentur antworten sollte. Denn sie kann ja allein aufgrund der E-Mail gar nicht wissen, wer ihr wirklich geschrieben hat. Wie leicht es ist, sich für jemand anderen auszugeben, hat ja Floor selbst erfahren, als sie einfach ihren Namen und Alter geändert hat. Auch andere können im Internet eine falsche Identität vorschwindeln. Deshalb reicht es meines Erachtens auch nicht aus, wenn Floor sich die Homepage der Agentur ansieht. Denn auch dort kann man Seriosität vortäuschen. Sie muss sich deshalb anderswo informieren, bevor sie Kontakt aufnimmt oder sogar zu einem Shooting geht. Dass nicht alle nur mit einem reden wollen, dürften Floor und auch Marcia an dem Chat mit Badman erkannt haben. Grundsätzlich sollte man sehr misstrauisch und vorsichtig sein, wenn man neue Bekanntschaften im Internet schließt.

- Untersuche den Aufbau der Interpretation und vergleiche ihn mit dem Schreibplan: *Einleitung = Z. 1–6 …*

- Jeder interpretiert den Romanauszug anders. Vergleiche deinen Aufsatz mit dem Text oben. Stelle Gemeinsamkeiten und Unterschiede fest.

Selbstbeurteilungsbogen

▶ Der folgende Selbstbeurteilungsbogen hilft dir, die Gelungenes und Fehler in deinem Aufsatz zu erkennen. Gehe den Bogen Schritt für Schritt durch. In der rechten Spalte findest du Hinweise für die Nachbearbeitung.

Frage	Ja	Nein	Das könnte ich noch tun ...
Habe ich die Aufgabenstellungen beachtet?			• Markiere die Arbeitsaufträge und formuliere sie mit eigenen Worten.
Habe ich die Operatoren richtig verstanden?			• Schlage die Bedeutung der Operatoren nach. • Beachte: Die in der Aufgabenstellung genannten Untersuchungsaspekte sind nur ein Teil der Interpretation. Sie müssen in eine vollständige Analyse eingebaut werden. • Wiederhole: Welche Aspekte gehören zu einer Textanalyse? • Wie beurteilt man einen Text?
Habe ich den Text mit der Sechs-Schritt-Lesemethode erschlossen?			• Wiederhole die Sechs-Schritt-Lesemethode. • Prüfe, ob du einen wichtigen Schritt vergessen hast.
Habe ich den Inhalt des Textes richtig zusammengefasst?			• Formuliere für die Einleitung in einem Satz, worum es in dem Text geht. • Schreibe nur, was wichtig ist und streiche Überflüssiges weg. • Schreibe deine Inhaltsangabe im Präsens. • Wiederhole die Arbeitstechnik Inhalte zusammenfassen.
Habe ich die wörtliche Rede richtig wiedergegeben?			• Schreibe direkte Rede in indirekte Rede um. Verwende dabei den Konjunktiv oder dass-Sätze.
Habe ich den Text auf seine Merkmale hin untersucht?			• Benenne immer die Textsorte des Textes und begründe dies am Text, auch wenn es nicht in der Aufgabe verlangt wird.

Frage	Ja	Nein	Das könnte ich noch tun ...
Habe ich eine Vorstellung von der Bedeutung des Textes entwickelt?			• Formuliere deine Vermutungen zu den möglichen Untersuchungsschwerpunkten. • Analysiere einzelne Aspekte (Aufbau, Figuren, Sprache ...) und setze sie in Bezug zu deinen Untersuchungsschwerpunkten. • Achte darauf, was in dir als Leserin bzw. Leser beim Lesen des Textes vorgeht.
Habe ich die sprachlichen Mittel untersucht und ihre Wirkung an Beispielen dargestellt?			• Achte darauf, wie die Personen sprechen und wie das auf dich wirkt. • Prüfe, ob im Text Sprachbilder oder Metaphern vorkommen. • Benenne die Sprachformen der Personen. • Notiere dir beim Lesen sprachliche Auffälligkeiten an den Rand. • Achte auf den Satzbau (Parataxe und Hypotaxe) und beziehe seine Wirkung auf den Inhalt • Untersuche den Erzähler und bestimme seine Erzählweise.
Habe ich die Analyse strukturiert?			• Gliedere deine Analyse nach Aspekten. • Gliedere deinen Text in Absätze.
Habe ich meine Beurteilung der Erzählung begründet?			• Überlege, welche Gesichtspunkte du bei der Beurteilung anwendest. • Vergiss nicht, dein Urteil zu begründen.
Habe ich beschreibende und deutende Textteile aufeinander bezogen?			• Dein Text sollte verständlich sein, auch wenn man die Geschichte nicht vorliegen hat. Stelle daher immer zunächst dar, was du deutest. • Wenn du etwas beschreibst, dann vergiss nicht zu deuten, sonst bleibt deine Analyse bei der bloßen Umschreibung der Erzählung stehen. • Nutze Satzverknüpfungswörter und mache so deutlich, wie sich deine Textteile und Sätze aufeinander beziehen.

Frage	Ja	Nein	Das könnte ich noch tun …
Habe ich mich präzise, genau und abwechslungsreich ausgedrückt?			• Prüfe den Text auf unnötige Wortwiederholungen. • Kannst du wiederholt auftretende Wörter durch ähnliche ersetzen? • Hast du genau das gesagt, was du gemeint hast? • Hast du Fachbegriffe verwendet? • Hast du Umgangssprache vermieden? • Verbessere deinen Text durch die Ersatzprobe.
Habe ich die Sätze richtig, angemessen und abwechslungsreich formuliert?			• Ist jeder Satz vollständig? • Sind die Sätze übersichtlich gebaut und nicht verschachtelt? • Beginnen die Sätze mit verschiedenen Satzgliedern? Führe die Umstellprobe durch.
Habe ich richtig zitiert?			• Setze deine Zitate in Anführungszeichen. • Kennzeichne ausgelassene Stellen (…). • Gib nach dem Zitat die entsprechende Zeile in Klammern an *(Z. 35)*.

1.2 Einen lyrischen Text analysieren und interpretieren

Im Folgenden wird dir an einem Beispiel mit Aufgabenstellung vorgestellt, worauf du bei einer Analyse eines lyrischen Textes achten musst. Dabei wird die Gedichtanalyse in sechs Arbeitsschritte eingeteilt:

1. Sich über die Aufgabenstellung und das Gedicht orientieren
2. Das Gedicht lesen und Inhalte erfassen
3. Das Gedicht untersuchen und auswerten, die Stellungnahme vorbereiten
4. Einen Schreibplan anlegen
5. Eine Gedichtanalyse schreiben
6. Die Gedichtanalyse überarbeiten

Erster Schritt: Sich über die Aufgabenstellung und das Gedicht orientieren

Zunächst solltest du dich mit der Aufgabenstellung vertraut machen. Von dem richtigen Verständnis der Aufgabenstellung hängt es ab, ob du eine gute Analyse des Gedichts schreiben kannst.

Aufgabenstellung:

1. Analysiere und interpretiere das Gedicht „kreisverkehr" von Kurtmartin Magiera. Gehe dabei so vor:
   a) Fasse den Inhalt des Gedichtes zusammen. Formuliere dazu auch eine Einleitung (Autor, Titel, Erscheinungsjahr, Textsorte, Thema).
   b) Beschreibe die äußere Form des Gedichtes.
   c) Untersuche die Darstellung des Unfalls und die darauffolgenden Reaktionen. Gehe dabei auch auf sprachliche Mittel ein. Belege deine Äußerungen am Text.
2. Rukiye meint: „Es ist gut, dass der Regen die Straße gewaschen hat. So hat der Busfahrer eine Chance den Unfall zu vergessen." Setze dich mit der Frage auseinander, ob du Rukiye zustimmen kannst. Begründe deine Meinung und beziehe dich dabei auf den Text.

▶ In der Aufgabenstellung sind die Anweisungen unterstrichen. Diese Anweisungen nennt man Operatoren. Du musst sie genau beachten, um die Aufgaben richtig lösen zu können. Auf S. 152–156 kannst du die Operatoren nachschlagen. Suche die Operatoren für die Aufgabenstellung oben heraus. Mache dir bewusst, was von dir erwartet wird.

Verschaffe dir einen Überblick über das Gedicht: Worum geht es?

▶ Lies die Überschrift und überfliege den Text.

kreisverkehr (1975)

Kurtmartin Magiera

alle zehn minuten
fährt ein bus über die stelle,
an der gestern noch der rostbraune
fleck schimmerte
von der siebzigjährigen,
die nicht nach links geschaut
hatte.

strafe,
unerbittlich und ohne revision[1].

direkt vor den wagen
ist sie gelaufen,
stammelte der mann hinterm Steuer
und erbrach sich.

hundertsechzig busse
an einem tag,
autos unzählige,
menschen.

gütiger regen
hat die straße gewaschen.

nichts blieb, viel blieb.
ein paar seiten papier
hin und her zwischen ämtern –
nichts.
ein grab,
das verstörte antlitz[2] des busfahrers
viel.

uns hat der gütige regen
die straße gewaschen.

1 Möglichkeit gegen ein Urteil Widerspruch einzulegen
2 Gesicht

aus: Künstlergilde in Nordrhein-Westfalen (Hrsg.): Übergänge. Gedichte. Mit einem Nachwort von Josef Reding. München: Delp 1975, S. 46/47

Zweiter Schritt: Das Gedicht lesen und Inhalte erfassen

Mache dich mit dem Gedicht vertraut. Dazu ist es auch notwendig, alle unbekannten Begriffe mit dem Wörterbuch oder aus dem Textzusammenhang zu klären.

▶ Lies dir das Gedicht genau durch.
- Kläre die Textstellen und Wörter, die dir unklar sind.
- Markiere Textstellen, die dir besonders wichtig erscheinen.

Dritter Schritt: Das Gedicht untersuchen und auswerten, Stellungnahme vorbereiten

In der ersten Aufgabe wird von dir verlangt, dass du das Gedicht von Kurtmartin Magiera analysierst bzw. interpretierst. Bei einer Gedichtanalyse ist es sehr wichtig, dass du die formalen und sprachlichen Mittel sowie den Inhalt des Gedichts erkennst. Nur wenn du Form, Sprache und Inhalte aufeinander beziehst, kannst du in deiner Interpretation umfassend zeigen, wie das Gedicht auf dich wirkt und wie du es verstehst, deutest und beurteilst. Analyse und Interpretation gehören zusammen.
In der folgenden Übersicht sind die wichtigsten Fragen zusammengestellt, die du bei der Analyse und Interpretation eines Gedichts berücksichtigen musst. Allerdings hängt es vom Text und von den Aufgabenstellungen ab, ob es sinnvoll und notwendig ist, alle Fragen zu beantworten.

Ein Gedicht analysieren

Bereich	Fragestellung
Inhalt/Gedankliche Struktur des Gedichts	• Wovon handelt das Gedicht? Ist ein zentrales Thema zu erkennen? • Was wird in dem Gedicht beschrieben (z. B. Stimmungen und Gefühle, Personen, Ereignisse und Handlungen, Landschaften und Orte, eine Jahreszeit …)? • Kannst du inhaltliche Bezüge zwischen den Strophen feststellen? • Wie wird das Thema in dem Gedicht ausgeführt? Gibt es eine Entwicklung, Steigerungen, Gegensätze? • Wie ist die Atmosphäre, die Stimmung in dem Gedicht? • Welche Motive kannst du finden? Werden die Motive entwickelt? • Welchen Bezug hat der Titel zum Gedicht?

Bereich	Fragestellung
Form des Gedichts	• Kannst du das Gedicht einer dir bekannten Form zuordnen? • Wie sind die Strophen aufgebaut? Werden sie besonders angeordnet? Aus wie vielen Versen bestehen die einzelnen Strophen? • Wenn vorhanden, welches Reimschema liegt vor? • Kannst du ein Metrum ermitteln? Welches? • Findest du Zeilensprünge?
Lyrisches Ich/Lyrischer Sprecher	• Gibt es in dem Gedicht ein lyrisches Ich? • Welche Haltung und Meinung hat das lyrische Ich zum Thema (beispielsweise Nähe, Distanz, äußert es Gefühle, Gedanken …)
Sprachliche Mittel	• Werden bestimmte Wortarten oder Wörter auffällig oft verwendet? Welche Wirkung entsteht dadurch? • Welche besonderen Sprachformen oder Sprachbilder (Metaphern) findest du? Welche Vorstellungen wecken die Bilder in dir? • Welche Stilmittel fallen dir auf? Welche Wirkung haben sie? • Welche Besonderheiten im Bereich der Laute gibt es? Was bewirken sie? • Welche Auffälligkeiten im Satzbau und an der Wortstellung entdeckst du? Was bewirken sie?

▶ Erstelle auf einem A4-Blatt oder auf einer Karteikarte eine Mindmap, aus der hervorgeht, worauf du bei einer Analyse und Interpretation von Gedichten achten musst. Benutze die Mindmap als Lernkarte.

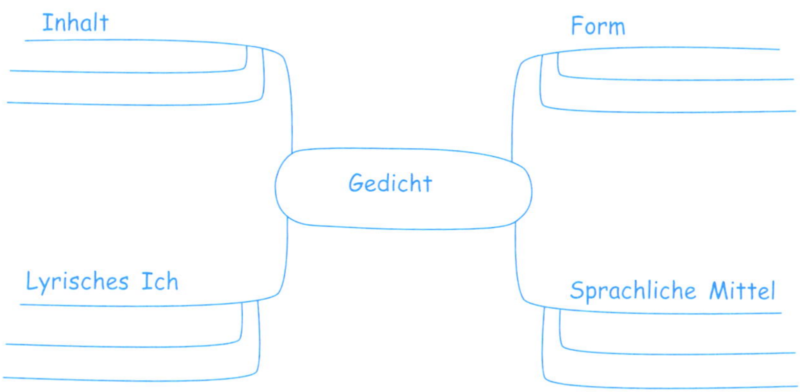

Ein Gedicht beurteilen

Es wird in der zweiten Aufgabe von dir verlangt, dass du Stellung zu einer Aussage über das Gedicht nimmst. So beurteilst du das Gedicht. Damit deine Beurteilung überzeugend wirkt, solltest du zu den folgenden Bereichen Aussagen formulieren und diese auch am Text belegen können. Es wird aber nicht immer jeder Bereich abgefragt. Achte deshalb genau auf die Fragestellung.

Bereich	Fragestellung
Bedeutung	• Wie wirkt das Gedicht auf den heutigen Leser, wie wirkt es auf dich? • Welche gesellschaftliche Aussage oder Wirkung hat oder hatte der Text?
Beurteilung	• Welche formalen und sprachlichen Mittel machen das Gedicht interessant? • Wie beurteilst du das zentrale Thema des Gedichts?

▶ Führe eine Analyse des Gedichts „kreisverkehr" von Kurtmartin Magiera durch. Notiere deine Ergebnisse in Stichworten, als Cluster oder Mindmap.

Vierter Schritt: Einen Schreibplan anlegen

Wenn du eine Gedichtanalyse planst und später schreibst, teilst du anderen mit, wie du das Gedicht verstehst. Wie das Schreiben einer Interpretation zu einer Erzählung, so ist auch die Analyse und Deutung eines Gedichts etwas sehr Persönliches. Allerdings muss deine schriftliche Interpretation durch Hinweise auf Besonderheiten und bestimmte Merkmale des Textes verständlich, nachvollziehbar und begründet sein. Verfasse deine Interpretation so, als würdest du diese für jemanden schreiben, der das Gedicht nicht kennt.

Wichtig ist, dass du dir über die Gliederung deines Aufsatzes Gedanken machst. Deine Ergebnisse sollten sinnvoll aufeinander aufbauen. Jeder neue Aspekt sollte in einem eigenen Absatz dargestellt werden.

Meistens werden dir durch die Aufgabenstellung Schwerpunkte gesetzt, die du bei der inhaltlichen Reihenfolge deiner Gedichtanalyse berücksichtigen solltest. Ein Schreibplan hilft dir, deine Gedanken zu ordnen, Wichtiges von Unwichtigem zu trennen, Schwerpunkte zu setzen. Er kann so aussehen, wie auf der folgenden Seite. Du kannst ihn auch durch weitere Stichwörter, die sich auf deine vorbereitenden Ausarbeitungen beziehen, ergänzen.

Schreibplan für eine Gedichtanalyse/-interpretation

> Schreibplan
>
> Aufgabe 1:
> Einleitung:
> Vorstellung des Gedichts mit Autor, Titel, Textart, Erscheinungsjahr, Thema
>
> Hauptteil:
> - Zusammenfassung des Inhalts
> - Beschreibung der äußeren Form (Anzahl der Strophen, Verse, keine Reime, Zeilensprünge)
> - Untersuchung der Darstellung des Unfalls und der Reaktionen
>
> Aufgabe 2:
> Stellungnahme zum Zitat mit Belegen
> Abschließendes Fazit

▶ Entwirf einen Schreibplan zur Aufgabenstellung des Gedichts „kreisverkehr" von Kurtmartin Magiera.

Fünfter Schritt: Eine Gedichtanalyse schreiben

Nach diesen Vorbereitungen schreibst du deinen eigenen zusammenhängenden Text. Dazu gehört Folgendes:

- Ausformulieren der Stichworte bzw. der Mindmap in ganzen Sätzen zu einem zusammenhängenden Text,
- Formulieren von Überleitungen zwischen den Textteilen,
- durch Satzverknüpfungswörter Sätze verbinden,
- durch sprachliche und stilistische Mittel den Text interessant gestalten,
- durch die Verwendung von Fachbegriffen präzise schreiben,
- durch Zitate wichtige Aussagen über den Text belegen.

▶ Schreibe nach deinem Schreibplan eine Interpretation zum Gedicht „kreisverkehr" von Kurtmartin Magiera.

Sechster Schritt: Die Textanalyse überarbeiten

Kein Aufsatz ist nach dem ersten Niederschreiben perfekt. Deshalb solltest du deinen Text noch mal durchlesen und gegebenenfalls überarbeiten. Dazu hilft die Checkliste:

CHECKLISTE

1. **Text inhaltlich überarbeiten:**
   - Habe ich die Aufgabenstellung genau beachtet?
   - Ist das Thema vollständig dargestellt?
   - Habe ich mein Schreibziel erreicht?
   - Habe ich meine Pläne umgesetzt?

   Vergleiche deinen Aufsatz mit deinen Auswertungen und deinem Schreibplan.

2. **Text sprachlich überarbeiten:**
   - Ist mein Text verständlich?
   - Sind meine Ausführungen logisch aufgebaut?
   - Habe ich jeden neuen Gedanken in einem eigenen Absatz dargestellt?
   - Habe ich Überflüssiges gestrichen?
   - Bin ich beim Thema geblieben?
   - Unterstützen meine Überleitungen den inneren Zusammenhang meines Textes?
   - Stimmen die Zitate und habe ich die Zitate in Anführungsstriche gesetzt und mit den Strophen- und Versangaben versehen?
   - Habe ich Satzverknüpfungswörter verwendet?
   - Ist mein Satzbau grammatisch richtig?
   - Sind Sprache und Wortwahl angemessen?
   - Habe ich Fachbegriffe verwendet?
   - Habe ich die richtige Zeitform gewählt?

3. **Text rechtschriftlich überprüfen:**
   - Sind Rechtschreibung und Zeichensetzung korrekt?
   - Habe ich, wenn ich unsicher bin, die Wörter nachgeschlagen?

▶ Überarbeite deinen Aufsatz.

Eine Interpretation zum Gedicht „kreisverkehr“ von Kurtmartin Magiera

1. In dem Gedicht „kreisverkehr“ von Kurtmartin Magiera aus dem Jahr 1975 wird dargestellt, wie gefühlskalt und routiniert unsere Gesellschaft mit schweren Schicksalsschlägen umgeht und Betroffene mit ihren seelischen Lasten alleinlässt.

Das Gedicht beginnt mit einem Rückblick auf einen tödlichen Verkehrsunfall. Eine siebzigjährige Frau wird von einem Bus überfahren, weil sie nicht nach links geschaut hat, als sie eine Straße betritt. Von dem Unfall ist bis zum gestrigen Tag noch ein Blutfleck zu sehen gewesen. Der Busfahrer muss sich aufgrund des Unfalls übergeben und sagt aus, dass er nicht mehr bremsen konnte, da die Frau ihm direkt vor den Bus gelaufen sei.

Es folgt eine Beschreibung des Verkehrsaufkommens an der Unglücksstelle, aus der hervorgeht, dass die Straße stark befahren gewesen sein muss, da sie täglich von sehr vielen Autos und Bussen sowie Menschen genutzt wird. Außerdem habe Regen die Straße gewaschen, womit wohl auf den Blutfleck angespielt wird.

Im Anschluss werden die Reaktionen und Maßnahmen auf den Tod der Frau skizziert. Behörden verwalten den Unfall, sodass keine offenen Fragen mehr bleiben.

Ferner wird auf das Grab der Frau und den verstörten Gesichtsausdruck des Busfahrers hingewiesen. Das Gedicht schließt mit der Wiederholung der Bemerkung, dass Regen die Straße gewaschen habe.

Das Gedicht ist in sieben Strophen eingeteilt, die zwischen zwei und sieben Versen lang sind. Die Länge der Verse variiert zwischen einem Wort und sechs Worte. Es sind also in der Strophen- und Versgestaltung keine Regelmäßigkeiten zu erkennen. Dazu passt, dass weder Reimschema oder noch ein bestimmtes Versmaß vorliegen. Stattdessen sind viele Zeilensprünge zu finden, die den Lesefluss unterbrechen und einzelne Worte wie „strafe“ (Strophe 2, V. 8), „nichts“ (Strophe 6, V. 4) und „viel“ (Strophe 6, V. 7) betonen, die als Vers für sich stehen. Die fünfte und siebte Strophe werden fast wörtlich wiederholt und stechen so besonders hervor. Außerdem fällt die konsequente Kleinschreibung in dem Gedicht auf.

Über den Unfall erhalten wir nur wenige Informationen. Die siebzigjährige Frau habe „nicht nach links geschaut“ (Strophe 1, V. 6) und sei daher dem Busfahrer „direkt vor den wagen“ (Strophe 3, V. 1 f.) gelaufen. Sie muss stark geblutet haben, denn auf der Straße hat sich ein „rostbraune[r] fleck“ (Strophe 1, V. 3 f.) gebildet. Dass es sich dabei um Blut handelt, muss man sich allerdings denken. Der Ausdruck „rostbraune[r] fleck“ beschönigt die Folgen des Unfalls. Dass die Frau nicht nach links geschaut hat und deshalb überfahren wurde, wird als „strafe“ (Strophe 2, V. 1) bezeichnet, so als ob es ein Verbrechen sei, nicht auf den Verkehr zu achten, für das die Todesstrafe verhängt wird.

Dass der Busfahrer frei von Schuld sein will, wird an seiner Aussage deutlich, die Frau sei ihm vor den Wagen gelaufen. Er deutet so an, dass er keine Möglichkeit besaß, rechtzeitig zu bremsen und er also frei von Schuld ist. Dennoch stammelt er seine Aussage und er muss sich übergeben. Daran wird deutlich, dass der Busfahrer entsetzt und tief betroffen ist. Durch die Verben stammeln und erbrechen (Strophe 3, V. 3 und 4) wird er als individuelle Person wahrnehmbar.
Doch mit dem Schock und den seelischen Folgen des Unfalls wird der Busfahrer alleingelassen. Er wird durch Busse, Autos und Menschen verdrängt, die wieder die Straße für sich beanspruchen. Dabei fällt mir auf, dass die 160 Busse, unzähligen Autos und Menschen zwar aufgezählt, aber nicht mit einem Verb aktiviert werden. Sie sind einfach da und nehmen Platz ein. Handelnd tritt nur der Regen auf, der den Blutfleck von der Straße entfernt. Dass die Straße „gewaschen“ wird, erinnert mich an die Redewendung „die Hände in Unschuld waschen“. Der Satz wirkt so, als ob durch dieses Waschen die Straße und damit auch die Nutzer der Straße frei von Schuld und Verantwortung gewaschen werden und der Unfall vergessen werden kann.
Dass zum einen der Unfall zu den Akten gelegt und vergessen werden soll, dies aber nicht gelingt, wird durch den Gegensatz „nichts blieb, viel blieb“ (Strophe 6, V. 1) angedeutet. Einerseits bleibt „nichts“ übrig, denn die „ämter“ (Strophe 6, V. 3) sorgen dafür, dass der Unfall vergessen werden kann. Die Tätigkeit der Verwaltung wird nicht mit einem Verb beschrieben, dadurch entsteht der Eindruck eines routinierten unpersönlichen Vorgehens der „ämter“. Andererseits bleibt „viel“, denn das Grab der Frau und die verstörte und beschädigte Seele des Busfahrers erinnern an den Unfall. Hier fällt auf, dass „ein grab“ (Strophe 6, V. 5) und „das verstörte antlitz des busfahrers“ (Strophe 6, V. 6) jeweils einen Vers für sich erhalten und so besonders hervorgehoben werden. Außerdem fehlen auch hier die Verben, es entsteht so der Eindruck der Starre, als blieben Grab und Verstörung für alle Zeiten.
Durch den Hinweis in der letzten Strophe des Gedichts, dass „uns“ der „gütige regen“ (Strophe 7, V. 1) die Straße gewaschen hat, wird nochmal verdeutlicht, dass wir den Unfall vergessen können, denn es gibt keine Erinnerung mehr an ihn, sobald der Blutfleck verschwunden ist. Im Gegensatz zum Busfahrer können wir so weitermachen wie vor dem Unfall.
2. Ich kann der Aussage von Rukiye nicht zustimmen, dass es gut sei, dass der Regen die Straße gewaschen habe. Denn ich glaube nicht, dass der Busfahrer so die Chance erhält, den Unfall zu vergessen. Es wird zweimal im Gedicht darauf hingewiesen, dass der Regen das Blut entfernt und so die Spuren des Unfalls verwischt. Doch dabei wird eindeutig betont, dass nur für uns der Regen „gütig“ ist, für den Busfahrer gilt das nicht. Denn auch nachdem die Straße wieder frei

> *von Blut ist, kann man an seinem verstörten Gesicht erkennen, wie sehr ihn der Unfall getroffen hat. Er wird sich sein Leben lang an den Unfall erinnern und sich sicher auch Vorwürfe machen. Mit der Entfernung des Blutflecks (und der Arbeit der Ämter) sind die Folgen des Unfalls noch nicht ausgestanden. Das Grab der Frau ist ein Ort, an dem man trauern kann, und das verstörte Gesicht des Busfahrers weist darauf hin, dass er Hilfe braucht, um den Unfall verarbeiten zu können.*

- ▶ Untersuche den Aufbau der Interpretation und vergleiche ihn mit dem Schreibplan: Einleitung = Z. 1 – 3 …
- ▶ Jeder interpretiert das Gedicht „kreisverkehr“ anders. Vergleiche deinen Aufsatz mit dem Text oben. Stelle Gemeinsamkeiten und Unterschiede fest.

Selbstbeurteilungsbogen

- ▶ Der folgende Selbstbeurteilungsbogen hilft dir, Gelungenes und Fehler in deinem Aufsatz zu erkennen. Gehe den Bogen Schritt für Schritt durch. In der rechten Spalte findest du Hinweise für die Nachbearbeitung.

Frage	Ja	Nein	Das könnte ich noch tun …
Habe ich die Aufgabenstellungen bei der Bearbeitung berücksichtigt?			• Markiere die Operatoren. • Formuliere die Arbeitsaufträge mit eigenen Worten.
Habe ich die Operatoren richtig verstanden?			• Schlage die Bedeutung der Operatoren nach. • Beachte: Die in der Aufgabenstellung genannten Untersuchungsaspekte sind nur ein Teil der Interpretation. Sie müssen in eine vollständige Analyse eingebaut werden. • Schlage nach: Welche Aspekte gehören zu einer Gedichtanalyse? • Wie beurteilt und deutet man ein Gedicht?
Habe ich das Gedicht mit der Sechs-Schritt-Lesemethode erschlossen?			• Wiederhole die Sechs-Schritt-Lesemethode. • Prüfe, ob du einen wichtigen Schritt vergessen hast.

Frage	Ja	Nein	Das könnte ich noch tun ...
Habe ich den Inhalt bzw. die Gedanken des Gedichts richtig zusammengefasst?			• Formuliere in einem Satz, worum es in dem Gedicht geht. • Schreibe deine Ergebnisse im Präsens. • Schreibe nur, was wichtig ist, und streiche Überflüssiges weg. • Formuliere genau und verbessere deine Texte durch Umstell- und Ersatzprobe. • Wiederhole die Arbeitstechnik Inhalte zusammenfassen.
Habe ich das Gedicht auf seine formalen Merkmale hin untersucht?			• Untersuche immer die formalen Merkmale eines Gedichts, wie Gedichtform, Strophenaufbau, Versaufbau, Reimform, Metrum, Zeilensprünge.
Habe ich eine Vorstellung von der Bedeutung des Gedichts entwickelt?			• Formuliere deine Vermutungen zu den möglichen Untersuchungsschwerpunkten. • Analysiere einzelne Aspekte (Aufbau, Figuren, Sprache ...) und setze sie in Bezug zu deinen Untersuchungsschwerpunkten. • Achte darauf, was in dir als Leserin bzw. Leser beim Lesen des Textes vorgeht.
Habe ich die sprachlichen Mittel untersucht und ihre Wirkung an Beispielen dargestellt?			• Untersuche, welche Sprachbilder oder Metaphern vorkommen. • Untersuche die Wirkung der Stilmittel. • Notiere dir beim Lesen sprachliche Auffälligkeiten an den Rand.
Habe ich meine Beurteilung bzw. Deutung des Gedichts begründet?			• Überlege, welche Kriterien (Maßstäbe) du bei der Beurteilung anwendest. • Vergiss nicht, dein Urteil bzw. deine Deutung zu begründen.
Habe ich die Analyse strukturiert?			• Gliedere deine Analyse nach Aspekten. • Gliedere deinen Text in Absätze.

Frage	Ja	Nein	Das könnte ich noch tun ...
Habe ich beschreibende und deutende Textteile aufeinander bezogen?			• Dein Text sollte verständlich sein, auch wenn man das Gedicht nicht vorliegen hat. Stelle daher immer zunächst dar, was du deutest. • Wenn du etwas beschreibst, dann vergiss nicht zu deuten, sonst bleibt deine Analyse bei der bloßen Umschreibung des Gedichts stehen. • Nutze Satzverknüpfungswörter und mache so deutlich, wie sich deine Textteile und Sätze aufeinander beziehen.
Habe ich mich präzise, genau und abwechslungsreich ausgedrückt?			• Prüfe den Text auf unnötige Wortwiederholungen. • Kannst du wiederholt auftretende Wörter durch ähnliche ersetzen? • Hast du genau das gesagt, was du gemeint hast? • Kannst du manches noch genauer ausdrücken? Hast du Fachbegriffe verwendet? • Hast du Umgangssprache vermieden?
Habe ich die Sätze richtig, angemessen und abwechslungsreich formuliert?			• Ist jeder Satz vollständig? • Sind die Sätze übersichtlich gebaut und nicht verschachtelt? • Beginnen die Sätze mit verschiedenen Satzgliedern? Führe die Umstellprobe durch.
Habe ich richtig zitiert?			• Setze deine Zitate in Anführungszeichen. • Kennzeichne ausgelassene Stellen durch (...). • Gib nach dem Zitat die entsprechende Strophe und den Vers in Klammern an (*Strophe 2, Vers 1*).

1.3 Einen literarischen Text fortsetzen

Es kann von dir verlangt werden, einen literarischen Text fortzusetzen. Das setzt voraus, dass du ihn vorher analysiert und interpretiert hast. Dass deine Fortsetzung folgerichtig an den Text anschließt, stellst du in einer anschließenden Erläuterung dar. Das folgende Beispiel zeigt, was du dabei beachten musst. Der Verlauf der Arbeit umfasst sechs Schritte:

1. Sich über die Aufgabenstellung und den Ausgangstext orientieren
2. Den Ausgangstext lesen und Inhalte erfassen
3. Den Ausgangstext untersuchen, auswerten und eigene Schreibideen entwerfen
4. Einen Schreibplan anlegen
5. Eine Fortsetzung schreiben und erläutern
6. Die Fortsetzung und die Erläuterung überarbeiten

Erster Schritt: Sich über die Aufgabenstellung und den Ausgangstext orientieren

Zunächst machst du dich mit der Aufgabenstellung vertraut. Von dem richtigen Verständnis der Aufgabe hängt es ab, ob du eine passende Fortsetzung einer Geschichte schreibst.

Aufgabenstellung:

1. Gestalte auf der Grundlage des Ausschnitts aus dem Jugendroman „So lonely" von Per Nilsson eine Fortsetzung.
2. Erläutere deine Wahl der Inhalte und der Gestaltung.

▶ Schlage die unterstrichenen Operatoren nach. Beachte sie genau, um die Aufgaben richtig lösen zu können.

So lonely (1996 – Textauszug)

Per Nilsson

Die Busfahrt zur Schule war zu zehn Minuten Glück geworden. Zehn Minuten seiner Busfahrt waren reines Glück.
Jeden Montagmorgen, Dienstagmorgen und Donnerstagmorgen fuhren sie miteinander zur Schule. Wenn es ihm gelang, bis zu ihrer Haltestelle den Platz neben sich freizuhalten, saßen sie nebeneinander, sonst standen sie nebeneinander. In dem überfüllten Bus besaßen sie gemeinsam eine einsame Insel: Eine Sitz-Insel oder eine Steh-Insel, wo sie redeten und redeten und redeten.
Und lachten und kicherten.

Und redeten und redeten.
Komisch. Reden war ihm bisher immer schwergefallen.
Mit ihr fiel es ihm leicht.
Es lief von ganz allein. Er musste nicht nach Worten suchen, die richtigen Bemerkungen fielen ihm nicht erst zehn Minuten zu spät ein wie sonst immer, und sie hatten immer jede Menge Gesprächsstoff. Unendlich viel Gesprächsstoff und die Busfahrten waren so erbärmlich kurz.
Sie brachte ihn zum Reden.
In Gedanken hatte er sich immer so als TR-Menschen bezeichnet.
„Ein TR-Mensch, was ist das?", fragte sie neugierig. „Bist du in einer geheimen Sekte oder was?"
„Nein, aber ... Es gibt eine Menge TR-Wörter. TRüb und TRist und TRaurig und TRanig und TRottelig und TRivial und TRagisch und TRäg und TRostlos ... das alles bin ich."
„Klarer Fall von mangelndem Selbstvertrauen!" Sie lachte und schüttelte den Kopf. „Du musst total down sein."
„Nein, ich hab kein mangelndes Selbstvertrauen", protestierte er. „Ich kenne mich nur selbst, ich ..."
„Es gibt auch N-Wörter!", unterbrach sie ihn.
„Ich weiß. Niete!"
„Nett!"
„Ich hasse NETT!"
Sie nickte.
„Mm. Nett ist trist."
„Mm." Nach kurzem Schweigen sagte sie:
„Normal."
„Normalverbraucher", sagte er.
„Normalverbraucherberater", sagte sie.
„Normalverbraucherberaterausbildung", sagte er.
„Normalverbraucherberaterausbildungsanstalt", sagte sie.
„Ich geb mich geschlagen", sagte er.
„Trist", sagte sie. „Trübe Tasse."
„Hab ich doch gesagt."
„Okay, dann bist du eben nicht direkt nett", sagte sie, als er aussteigen wollte.
„Freut mich zu hören."
„Aber direkt unnett bist du auch nicht", sagte sie und machte eine Schnute.
Dreimal in der Woche zehn Minuten waren zu wenig, fand er. Ganz entschieden zu wenig.

„Deine Englischlehrerin hat angerufen“, sagte seine Mutter eines Abends mit ernster Stimme.

„Frau Hammar.“

„Der Hammer“, murmelte er und wusste, was jetzt kommen würde.

„Sie hat erzählt, dass du viermal hintereinander am Mittwoch im Englischunterricht gefehlt hast. Naa ...?“

Er hätte antworten können: Ich hab ein hübsches Mädchen getroffen, das in meinem Bus mitfährt, und mittwochs fängt sie immer erst um zehn an, darum musste ich den Englischunterricht schwänzen, um sie treffen zu können. Das verstehst du doch, Mama ... ? „Äh ... äh ... der Zahnarzt ... zweimal war's der Zahnarzt ... und einmal, da hab ich geglaubt, wir hätten frei, weil wir am Abend in diesen englischen Film gehen wollten, das weißt du doch noch, und dann ... dann ... ja, dann bin ich einmal im Bus eingepennt, doch, ehrlich, bin erst an der Endhaltestelle aufgewacht ...“

Seine Mutter sah ihn an.

„Du lügst“, sagte sie kurz.

Er schwieg.

„Außerdem lügst du schlecht“, sagte sie. „Aber dafür ziemlich komisch.“

Er sagte nichts.

„Aber ab jetzt gehst du mittwochs in den Englischunterricht, ist das klar?“, sagte sie. „Ich möchte keinen Anruf mehr vom Hammer bekommen.“

Er nickte. „Klaro“. Er seufzte.

Auf dem Heimweg gelang es ihm selten, denselben Bus zu erwischen wie sie. Und wenn es ab und zu doch klappte und er einen roten Haarschopf leuchten sah und diese sprudelnde Freude schon in ihm hochsteigen wollte, musste er sich bremsen, wenn er feststellte, dass sie nicht allein war. Auch wenn sie ihn dann entdeckte und fröhlich winkte, blieb er in einiger Entfernung stehen, ohne zu ihr und ihren Freunden hinzugehen.

Er wollte sie für sich allein haben. Auf ihrer Insel war nur Platz für zwei.

Aber manchmal hatte er Glück. Wie an jenem Nachmittag, als er sie allein im Bus traf und der Platz neben ihr sogar noch frei war.

Zweiter Schritt: Den Ausgangstext lesen und Inhalte erfassen

Um einen Text fortsetzen zu können, musst du ihn genau kennen. Worum geht es in der Geschichte?

▶ Lies dir die Erzählung durch.
- Kläre die Textstellen und Wörter, die dir unklar sind.
- Markiere Textstellen, die dir besonders wichtig erscheinen.

Dritter Schritt: Den Ausgangstext untersuchen, auswerten und eigene Schreibideen entwerfen

Um eine Fortsetzung zu schreiben, musst du den Inhalt, die erzählerischen und sprachlichen Mittel des Ausgangstextes genau analysieren. Diese Vorarbeit ist wichtig, damit du deine Fortsetzung inhaltlich und sprachlich schlüssig weiterschreiben und anschließend dein Vorgehen auch erklären kannst.

Die Fragen in der folgenden Tabelle helfen dir, den Text zu analysieren und daraus Folgerungen für das Schreiben der Fortsetzung zu ziehen.

Den Ausgangstext analysieren und eigene Schreibideen finden

Bereich	Fragen zur Analyse	Anregungen zum Schreiben
Handlung / Situation im Ausgangstext	• Wovon handelt die Geschichte? • Ist ein bestimmtes Thema zu erkennen? Kannst du ein zentrales Problem, einen Konflikt erkennen? • Wie ist die Handlung aufgebaut? • Findest du Rückverweise oder Vorausdeutungen?	• Wovon willst du erzählen? • Wie willst du das Thema bzw. das Problem aufgreifen? • Wo willst du bei deiner Fortsetzung ansetzen? • Wie willst du an Rückverweise oder Vorausdeutungen anknüpfen?
Zeit / Ort	• Wo spielt die Handlung? Spielt der Handlungsort eine besondere Rolle? • Wann spielt die Geschichte? Gibt es Hinweise auf den Zeitpunkt der Handlung? • Wie lange dauert die Geschichte? • Gibt es Beispiele für Zeitdehnung oder Zeitraffung?	• Wo willst du deine Handlung spielen lassen? • Inwiefern musst du den Zeitpunkt der Handlung in deiner Fortsetzung berücksichtigen? • Bietet es sich an, dass du in deiner Erzählung die Zeit dehnst oder raffst?
Figuren	• Welche Personen treten in der Geschichte auf? Erfährst du ihre Namen? • In welcher Situation befinden sich die Figuren? • Verfolgen die Personen bestimmte Interessen, Absichten, Ziele? • Welche Charaktereigenschaften besitzen die Figuren?	• Welche Personen sollen in deinem Text auftreten? • Wie soll sich die Situation der Personen entwickeln? • Was geschieht mit den Zielen, Interessen der Personen? • Welche Charaktereigenschaften willst du betonen und darstellen? Sollen die Figuren sich in ihren Einstellungen verändern?

Bereich	Fragen zur Analyse	Anregungen zum Schreiben
Figuren	• Wie stehen die Personen zueinander? • Gibt es Gespräche im Text? Wer spricht miteinander? Wie sprechen die Personen miteinander?	• Wie soll sich das Verhältnis entwickeln? • Wie und über was werden die Personen bei dir miteinander sprechen?
Erzählerische Merkmale des Textes	• Welche Textsorte liegt vor? • Wie ist die Erzählperspektive? • Welche Redeformen (z. B. erlebte Rede) gibt es? • Welche Motive sind zu erkennen?	• Auf welche Eigenheiten der Textsorte musst du bei einer Fortsetzung achten? • Wie gehst du mit der Erzählperspektive um? • Welche Redeformen willst du passend zur Geschichte benutzen? • Wie willst du die Motive aufgreifen und gegebenenfalls entwickeln?
Sprachliche Mittel	• Wie ist die Sprachform des Erzählers? • Wie ist die Sprachform der Personen in Dialogen? Reden sie z. B. in Umgangssprache? • Gibt es Auffälligkeiten bei der Verwendung der Zeitformen? Werden sie gewechselt? • Werden bestimmte Wortarten oder Wörter auffällig oft gebraucht? • Welche auffälligen Sprachbilder (Metaphern) findest du? • Mit welchen Attributen werden die Personen, Orte und wichtige Gegenstände beschrieben? • Welche Stilmittel fallen auf? • Welche Auffälligkeiten im Satzbau gibt es?	• In welcher Sprachform willst du erzählen? • Wie willst du die Personen sprechen lassen? • Welche Zeitformen willst du verwenden? • Willst du auffällige Wortarten oder Wörter verwenden? • Welche Sprachbilder (Metaphern) willst du in deiner Fortsetzung einsetzen? • Welche Attribute willst du gebrauchen oder übernehmen? • Welche Stilmittel willst du übernehmen und verwenden? • Wie willst du deinen Satzbau gestalten?

- Erstelle auf einem A4-Blatt oder auf einer Karteikarte eine Mindmap, aus der hervorgeht, worauf du bei der Analyse und der Fortsetzung einer Geschichte achten musst. Benutze die Mindmap als Lernkarte.

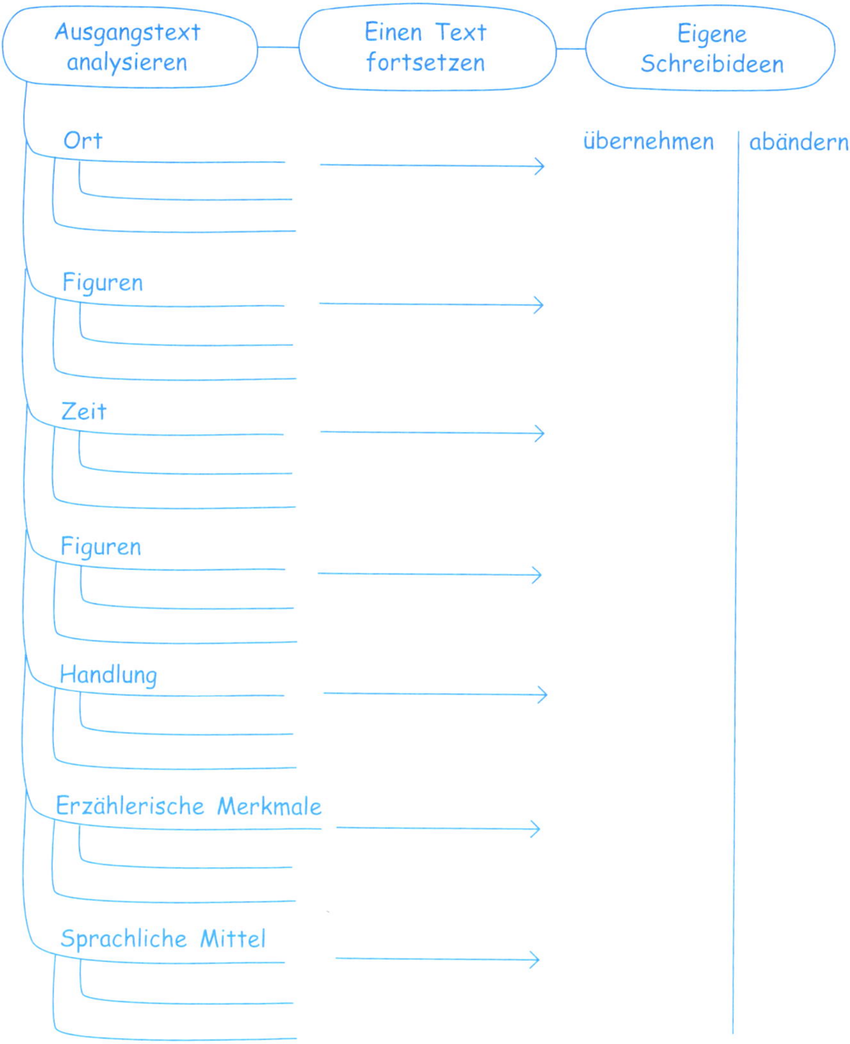

- Führe eine Analyse des Textes „So lonley" von Per Nilsson durch und entwickle Schreibideen. Notiere deine Ergebnisse in Stichworten, als Cluster oder Mindmap.

Vierter Schritt: Einen Schreibplan anlegen

Es kann beim Schreiben einer Geschichte hinderlich sein, genau festzulegen, was und wie man schreiben will. Wichtiger ist es, sich einen guten Anfang zu überlegen und die eigenen Schreibabsichten im Auge zu behalten. Vieles ergibt sich beim Schreiben selbst. Oft ist es hilfreich, eine Ablaufskizze für die Fortsetzung zu notieren.

Grundsätzlich hilft dir aber auch beim Schreiben einer Geschichte ein Schreibplan, deine Ideen und Gedanken zu ordnen. Er kann so aussehen, wie unten auf der Seite, er kann aber noch durch weitere Aspekte, die sich auf deine Ausarbeitungen beziehen, ergänzt werden.

Möglicher Schreibplan für die Fortsetzung

Schreibplan

Anfang
Anknüpfen an den letzten Absatz der Geschichte

Hauptteil
Fortsetzung der Handlung (mit Höhepunkt)

Schluss
- Finden eines Einschnitts: (vorläufige) Lösung des Konflikts bzw. (vorläufiger) Abschluss zum Thema
- Entscheiden für ein offenes oder geschlossenes Ende

▶ Entwirf einen Schreibplan für deine Fortsetzung von „So lonely" von Per Nilsson.

Den Fortsetzungstext erläutern

In der zweiten Aufgabe wird von dir erwartet, dass du deine Überlegungen für die Fortsetzung erläuterst: Du musst die Handlung und das Verhalten deiner Personen begründen sowie die von dir ausgewählten erzählerischen und sprachlichen Mittel erklären. Du zeigst auf diese Weise, dass dein Text sich nahtlos an den Ausgangstext anschließt.

Beantworte bei deiner Erläuterung folgende Fragen:

- Wie passt deine Handlung zum Ausgangstext?
- Welche Themen, Probleme und Situationen hast du aufgegriffen?
- Welches Ziel wolltest du mit deinem Text erreichen?
- Wie hast du die Personen dargestellt?
- Was wolltest du mit deiner Darstellung erreichen?
- Welche erzählerischen und sprachlichen Mittel hast du verwendet? Wie passen sie zum Ausgangstext?

Begründe deine Entscheidungen mit Hinweisen auf den Ausgangstext.

▶ Überlege, welche Gesichtspunkte du in der Erläuterung deiner Fortsetzung besonders hervorheben willst.

Fünfter Schritt: Eine Fortsetzung schreiben und erläutern

Nach den vielen Vorbereitungen schreibst du nun deine Fortsetzung und Erläuterung. Dazu gehört Folgendes:

- Ausformulieren der Ablaufskizze, Stichworte oder Mindmap in ganzen Sätzen zu einer Geschichte,
- durch wörtliche Rede, erzählerische, sprachliche und stilistische Mittel die Geschichte interessant und lebendig gestalten,
- durch den Satzbau und die Wortwahl die Sprachform des Ausgangstextes übernehmen,
- die Erzählperspektive des Ausgangstextes übernehmen.
- Formulieren der Erläuterungen zur Fortsetzung.

▶ Schreibe deine Fortsetzung der Geschichte „So lonley“. Erläutere anschließend deinen Text.

Sechster Schritt: Die Fortsetzung und die Erläuterung überarbeiten

Keine Geschichte ist nach dem ersten Niederschreiben perfekt und fertig. Selbst Joanne K. Rowling schrieb zehn verschiedene Fassungen von dem ersten Kapitel von „Harry Potter und der Stein der Weisen“, bis sie zufrieden war. Auch du solltest deine Fortsetzung noch mal durchlesen und gegebenenfalls überarbeiten. Dazu hilft dir folgende Checkliste:

CHECKLISTE

1. Die Fortsetzung inhaltlich überarbeiten:

- Habe ich die Aufgabenstellung genau beachtet?
- Knüpft meine Fortsetzung an den Ausgangstext an?
- Habe ich den Konflikt bzw. das Thema umfassend dargestellt?
- Habe ich ein passendes Ende für meine Geschichte gefunden?
- Habe ich mein Schreibziel erreicht?

Vergleiche deinen Aufsatz mit deinen Auswertungen und deinem Schreibplan.

2. Die Fortsetzung sprachlich überarbeiten:

- Ist mein Text verständlich?
- Habe ich passende erzählerische und stilistische Mittel verwendet?
- Habe ich die richtige Erzählperspektive gewählt?
- Habe ich die Sprachform des Ausgangstexts getroffen?
- Passt mein Satzbau, meine Sprache und Wortwahl zum Ausgangstext?
- Habe ich passende Satzverknüpfungswörter verwendet?
- Habe ich die richtige Zeitform gewählt?
- Ist meine Fortsetzung logisch aufgebaut?
- Habe ich neue Gedanken in eigenen Absätzen dargestellt?
- Habe ich Überflüssiges gestrichen?
- Bin ich beim Thema geblieben?

3. Die Reflektion überarbeiten

- Habe ich die Gesichtspunkte genannt, nach denen ich meine Fortsetzung geschrieben habe?
- Habe ich meine inhaltlichen, erzählerischen und sprachlichen Entscheidungen begründet?

4. Die Texte rechtschriftlich überprüfen:

- Sind Rechtschreibung und Zeichensetzung korrekt?
- Habe ich die wörtliche Rede richtig gekennzeichnet?
- Habe ich, wenn ich unsicher bin, die Wörter nachgeschlagen?

▶ Überarbeite deine Fortsetzung.

Eine Fortsetzung zu „So lonely“ von Per Nilsson

Sie lächelte ihn an. „Komm her. Nimm Platz.“
Er setzte sich neben sie. Er fühlte sich glücklich, wie Robinson, als er den Strand erreichte. Er war wieder auf der Insel.
„Was für ein Mensch bist du heute?“, fragte sie, „L, wie lustig?“
Eher L wie lonely, dachte er. „Nein, L wie Lügner, Looser, Leiche.“
„Nein, wie trist. Wie meinst du das?“
„Na ja, ich hab Englisch geschwänzt und wollte es meiner Mutter verheimlichen. Das hat aber nicht geklappt. Meine Englischlehrerin hat angerufen.“
„Wieso hast du hast denn geschwänzt?“
Er hätte antworten können, damit ich mit dir im Bus fahren kann. Weil ich dich sonst nur zweimal die Woche sehen kann. Und das ist viel zu wenig.
„Ich mag die Lehrerin nicht. Sie heißt Hammar und ist ein Hammer. Irgendwie zerschlägt sie alles.“
„Ist sie wirklich so schlimm?“
„Nein, eigentlich nicht. Ich bin in Englisch nur nicht so gut. Ein Looser eben.“
Das stimmte nicht. In Englisch war er einer der besten in der Klasse. Aber er konnte ihr nicht die Wahrheit sagen. Er schaute an ihrem Gesicht vorbei. Auf ihre roten Haare.
„Wie ist es bei dir in Englisch?“, fragte er. Er wusste nicht, was er sonst sagen sollte.
„In Englisch bin ich ganz gut.“
Selbst dreimal die Woche zehn Minuten zusammen im Bus zu fahren, ist zu viel wenig, dachte er. Er musste etwas tun.
„Prima. Dann kannst du mir ja helfen. Gibst du mir Nachhilfe? Das wäre nett.“
„So, NETT wäre das. Ich denke, du hasst nett?“
„Na ja, es wäre zumindest unnett, wenn du mir nicht helfen würdest. Dann würde ich sitzen bleiben, käme auf eine andere Schule und könnte nicht mehr mit dir zusammen Bus fahren.“
„Das muss verhindert werden.“ Sie lachte. Strich sich die roten Haare aus der Stirn. „Ich hoffe, du stellst dich nicht zu TRottelig an. Das wäre dann sehr TRostlos.“ Sie betonte das TR besonders deutlich.
„Wann können wir uns denn TReffen?“, fragte er.
„Wie wäre es mit Freitag“, schlug sie vor.
„Freitag ist in Ordnung“, sagte er.

Erläuterungen zur Fortsetzung

In der Geschichte „So lonely" von Per Nilsson geht es um einen Jungen und ein Mädchen, die sich nur im Bus auf dem Weg zur Schule sehen und unterhalten können. Obwohl sie sich gut verstehen, haben sie sich außerhalb des Busses noch nicht getroffen.
Ich habe mich dafür entschieden, dass es zu einem Treffen zwischen den beiden kommen soll. Der Junge möchte auf jeden Fall das Mädchen öfter sehen und auch sie findet ihn wohl recht sympathisch. Doch wie findet der Junge den Mut, den er ja bisher noch nicht hatte, um sich mit dem Mädchen zu verabreden? Als Anlass, dass es zu einer Verabredung kommen kann, habe ich seinen Konflikt mit der Englischlehrerin gewählt: Dieser belastet ihn doppelt, weil er nun mittwochs das Mädchen nicht mehr im Bus sehen kann und weil er seine Mutter angelogen und Ärger in der Schule bekommen hat. Es ist nicht unwahrscheinlich, dass der Junge diese besondere Situation – zumindest teilweise – dem Mädchen gegenüber zur Sprache bringt. Aus dem Gespräch ergibt sich dann die Gelegenheit für eine Verabredung, „getarnt" als Nachhilfe.
Mit dieser Verabredung ist meiner Meinung nach die Geschichte der beiden im Bus zu Ende erzählt. Da mir ein Ausschnitt aus einem Jugendbuch vorliegt, denke ich, dass die beiden noch einiges miteinander erleben werden.
Die Geschichte wird aus der Sicht des Jungen erzählt. Die personale Erzählweise habe ich auch für meine Fortsetzung übernommen. Außerdem werden einige Gedanken des Jungen als erlebte Rede wiedergegeben. Dieses erzählerische Mittel greife ich auch in der Fortsetzung auf, wenn er darüber nachdenkt, wie er es anstellen soll, dass er sich mit dem Mädchen verabreden kann. Die Gedanken von dem Mädchen erfahren wir nicht.
Besonders gut hat mir das Insel-Motiv gefallen. Der Junge spricht von einer „Sitz-Insel" oder „Steh-Insel" (Z. 7), auf der er sich mit dem Mädchen im Bus befindet. Deshalb habe ich ihn auch mit Robinson Crusoe verglichen, der als Schiffbrüchiger ja auf einer einsamen Insel gelandet ist. Wie Robinson und Freitag sind der Junge und das Mädchen auf ihrer „Insel" von der Außenwelt abgeschnitten. Des Weiteren hat mir das Sprachspiel mit den Alliterationen gut gefallen. Dieses Sprachspiel gibt ihnen Gelegenheit, spaßig über ernste Dinge zu reden, wie beispielsweise seine Probleme mit der Englischlehrerin oder den Versuch, sich zu verabreden.

▶ Untersuche, worauf bei dieser Fortsetzung besonders Wert gelegt wird.

▶ Jeder wird die Geschichte „So lonely" anders fortsetzen. Vergleiche deine Geschichte mit dem Beispiel oben. Stelle Gemeinsamkeiten und Unterschiede fest.

Selbstbeurteilungsbogen

▶ Der folgende Selbstbeurteilungsbogen hilft dir, die Fehler in deinem Text zu erkennen. Gehe den Bogen Schritt für Schritt durch. In der rechten Spalte findest du Hinweise für die Nachbearbeitung.

Frage	Ja	Nein	Das könnte ich noch tun …
Habe ich die Aufgabenstellungen bei der Bearbeitung berücksichtigt?			• Markiere die Arbeitsaufträge und formuliere sie mit eigenen Worten.
Habe ich die Operatoren richtig verstanden?			• Schlage die Bedeutung der Operatoren nach.
Habe ich den Ausgangstext mit der Sechs-Schritt-Lesemethode erschlossen?			• Wiederhole die Technik der Sechs-Schritt-Lesemethode. • Prüfe, ob du einen wichtigen Schritt vergessen hast.
Habe ich den Inhalt des Ausgangstextes richtig zusammengefasst?			• Formuliere in einem Satz, worum es in dem Ausgangstext geht. • Notiere dir wichtige inhaltliche Aspekte des Ausgangstextes.
Habe ich meine Fortsetzung passend zum Ausgangstext geschrieben?			• Notiere dir Ideen, wie der Ausgangstext weitergehen könnte. Entwirf eine Ablaufskizze für deine Fortsetzung. • Untersuche einzelne Aspekte (Aufbau, Figuren, Sprache …) und setze sie in Bezug zu deinen Ideen. • Achte auf Rückverweise und Vorausdeutungen. Sie geben dir Hinweise, wie die Geschichte weitergehen könnte. • Achte darauf, was in dir als Leser beim Lesen des Textes vorgeht.
Habe ich die Personen und ihr Verhalten passend zum Ausgangstext dargestellt?			• Entwickle eine Mindmap zu den Personen. • Verdeutliche in einem Schaubild, wie die Personen zueinander stehen. • Achte darauf, wie die Personen sprechen und übernehme ihre Sprachform für deinen Text.

Frage	Ja	Nein	Das könnte ich noch tun …
Hat meine Fortsetzung einen Höhepunkt?			• Überlege, wie du die Handlung auf einen Höhepunkt zusteuern kannst.
Habe ich meinen Text an die erzählerischen Merkmale des Ausgangstextes angepasst?			• Schreibe deine Fortsetzung passend zur Textsorte. • Übernehme die Erzählperspektive. • Übernehme die Zeitform. • Kannst du wörtliche Rede oder innere Monologe verwenden?
Habe ich passende sprachliche Mittel in meiner Fortsetzung verwendet?			• Ermittle, welche Sprachbilder, Metaphern und Stilmittel im Ausgangstext vorkommen. • Entscheide daraufhin, welche sprachlichen Mittel du verwenden kannst und willst.
Habe ich mich präzise, genau und abwechslungsreich ausgedrückt?			• Prüfe den Text auf unnötige Wortwiederholungen. • Kannst du anschaulichere Verben und Adjektive verwenden?
Habe ich die Sätze richtig, angemessen und abwechslungsreich formuliert?			• Hast du die Sprachform des Ausgangstextes beachtet? • Ist jeder Satz vollständig? Es sei denn, du benutzt unvollständige Sätze als Stilmittel. • Sind die Sätze übersichtlich gebaut und nicht verschachtelt? • Beginnen die Sätze mit verschiedenen Satzgliedern? Führe die Umstellprobe durch.
Habe ich eine begründete Erläuterung meiner Fortsetzung vorgenommen?			• Überlege, nach welchen Gesichtspunkten (Maßstäben) du deine Fortsetzung geschrieben hast. • Unterscheide und trenne bei deiner Erläuterung inhaltliche, erzählerische und sprachliche Aspekte. • Vergiss nicht, deine Entscheidungen mithilfe des Ausgangstextes zu begründen.

2 Sich mit Sachthemen argumentativ auseinandersetzen

2.1 Einen erörternden Brief schreiben

Die Erörterung ist die schriftliche Form der Diskussion. Vorgegeben ist ein Problem (Thema), das eine Pro-These und eine Kontra-These enthält. Zu diesen Thesen (Behauptungen, Meinungen) sammelst du Argumente (Begründungen) und Beispiele, die die Richtigkeit oder die Fehlerhaftigkeit der Thesen beweisen:
These: *Rauchen ist ungesund.*
Argument: *Denn in einer Zigarette sind viele krebserregende Schadstoffe enthalten.*
Beispiel: *Jährlich sterben viele Menschen an den Folgen des Rauchens.*
Wichtig für die Gestaltung deines Textes ist die Textform. Es macht einen Unterschied, ob du ein Problem in einem persönlichen oder offiziellen Brief, einer journalistischen Textform oder einem Aufsatz erörterst. Außerdem musst du den Adressaten berücksichtigen. Worauf du bei einer Erörterung generell achten musst, wird dir am Beispiel der Aufgabenstellung unten erläutert.
Die Arbeit unterteilt sich in sechs Schritte:

1. Sich über die Aufgabenstellung orientieren
2. Das Thema untersuchen, eine Stoffsammlung anlegen
3. Argumente und Beispiele ordnen und gewichten
4. Einen Schreibplan anlegen
5. Eine Erörterung schreiben
6. Die Erörterung überarbeiten

Erster Schritt: Sich über die Aufgabenstellung orientieren

Zunächst machst du dich mit der Aufgabenstellung vertraut.

Aufgabenstellung:

An deiner Schule soll das gegenseitige Duzen zwischen Lehrern und Schülern eingeführt werden. Die Schüler sollen ihre Meinung dazu in einem Brief an die Schülervertretung aufschreiben. Schreibe diesen Brief:

a) Verfasse eine Einleitung, in der du den Grund des Schreibens und deine Position zu dem Anliegen darstellst.
b) Begründe deine Position, indem du sie mit Argumenten stützt und durch Beispiele veranschaulichst und die Gegenposition entkräftest.
c) Verfasse einen Schluss, in dem du noch einmal für deine Position wirbst.
d) Überprüfe, ob du die Pro- und Kontra-Argumente in eine sinnvolle Abfolge gebracht und den Adressaten angemessen berücksichtigt hast.

▶ In der Aufgabenstellung sind die Operatoren unterstrichen. Schlage sie nach und mache dir bewusst, was von dir erwartet wird.

Zweiter Schritt: Die Problemfrage stellen, eine Stoffsammlung anlegen

Häufig wird dir das Thema wie im Beispiel in Form einer Aussage vorgegeben. Du musst dann die Problemfrage entwickeln, die die Pro- und Kontrathese enthält:
Sollten sich Lehrer und Schüler in der Schule gegenseitig duzen oder nicht?
Pro-These: *Lehrer und Schüler sollten sich gegenseitig duzen.*
Kontra-These: *Lehrer und Schüler sollten sich nicht gegenseitig duzen.*

So erstellst du eine Stoffsammlung und wertest sie aus:

- Notiere dein Wissen zunächst ungeordnet, zum Beispiel als Cluster.
- Kennzeichne anschließend durch Farben, welche Notizen du als Argumente und welche du als Beispiele verwenden willst.
- Ordne Argumente und Beispiele einander zu, z. B. 1 a) = Argument, 1 b) zugehöriges Beispiel.

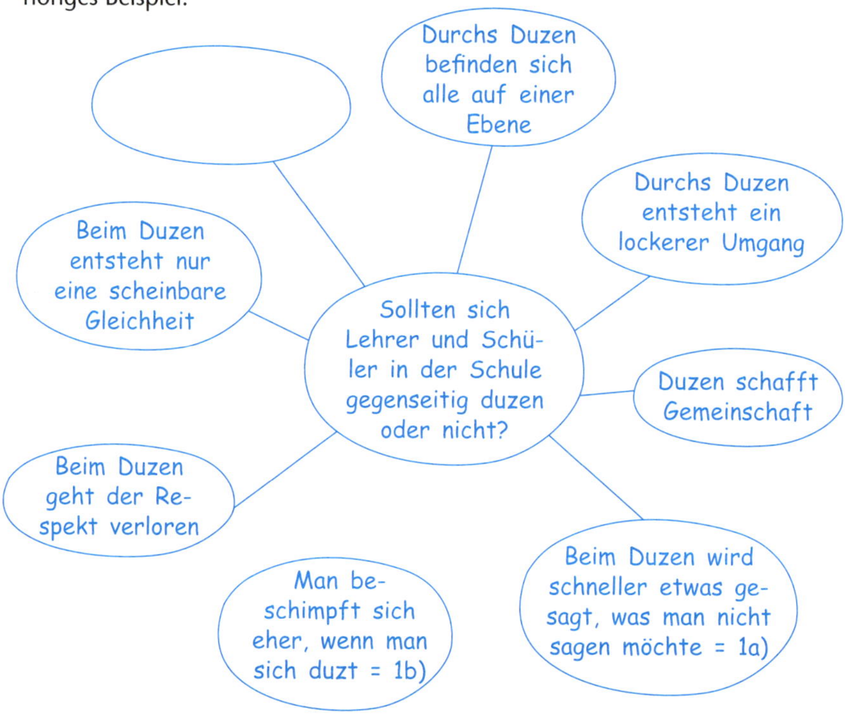

▶ Lege eine Stoffsammlung zum Thema „Sollten sich Lehrer und Schüler in der Schule gegenseitig duzen?“ an.

Dritter Schritt: Argumente und Beispiele ordnen und gewichten

Von deiner Stoffsammlung ausgehend, sortierst und ergänzt du deine Gedanken:
- Welche Argumente und Beispiele sprechen für eine Pro-These und welche für eine Kontra-These?
- Welche Argumente sind die stärksten, welche sind deiner Ansicht nach schwächer?
- Welche Argumente sprechen deinen Adressaten besonders an?

Argumente aufbauen/Stellung nehmen

Bereich	Fragestellung
Thema/ Problemfrage	• Was ist das genaue Thema? • Wie lautet die Problemfrage? • Wie lautet die Pro-These und wie die Kontra-These? • An wen richtet sich mein Text? Gibt es einen Adressaten?
Pro-Argumente	• Welche Argumente sprechen für die Pro-These? • Womit kann ich meine Argumente stützen? • Welche Beispiele und Belege kenne ich? • Welches ist mein stärkstes Argument? • Wie will ich meine Argumente gewichten?
Kontra-Argumente	• Welche Argumente sprechen für die Kontra-These? • Womit kann ich meine Argumente stützen? • Welche Beispiele und Belege kenne ich? • Welches ist mein stärkstes Argument? • Wie will ich meine Argumente gewichten?
Stellung nehmen	• Welche Position nehme ich zu dem Problem bzw. Thema ein?

▶ Erstelle auf einem A4-Blatt oder auf einer Karteikarte eine Mindmap, aus der hervorgeht, worauf du bei einer Erörterung achten musst. Benutze die Mindmap als Lernkarte.

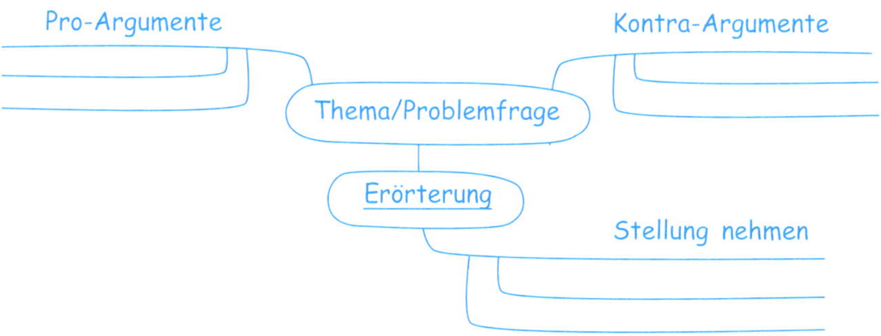

- Suche und ordne Pro- und Kontra-Argumente mit Beispielen in einer Pro- und Kontra-Tabelle, als Cluster oder Mindmap.

Vierter Schritt: Einen Schreibplan anlegen

Sprichst du dich für oder gegen das gegenseitige Duzen aus? Diese Entscheidung ist wichtig, denn um den Leser zu überzeugen, solltest du gegen Ende deines erörternden Briefes die wichtigsten Argumente für deinen Standpunkt anführen. In der Praxis haben sich folgende Schreibpläne bewährt:

Schreibplan A

Einleitung:
Anrede
Vorstellen des Themas bzw. der Problemfrage, Nennen der eigenen Position

Hauptteil:
Formulieren der Pro-These
Schwaches Pro-Argument mit Beispiel(en)
Starkes Pro-Argument mit Beispiel(en)
Stärkstes Pro-Argument mit Beispiel(en)
Überleitung
Formulieren der Kontra-These
Stärkstes Kontra-Argument mit Beispiel(en)
Starkes Kontra-Argument mit Beispiel(en)
Schwaches Kontra-Argument mit Beispiel(en)

Schluss:
Wiederholung des Anliegens, Bekräftigung der eigenen Position, Grußformel

Schreibplan B

Einleitung:
Anrede
Vorstellen des Themas bzw. der Problemfrage, Nennen der eigenen Position

Hauptteil:
Kontra-Argument mit Beispiel(en) ⟷ Pro-Argument mit Beispiel(en)
Kontra-Argument mit Beispiel(en) ⟷ Pro-Argument mit Beispiel(en)
Kontra-Argument mit Beispiel(en) ⟷ Pro-Argument mit Beispiel(en)

Schluss:
Wiederholung des Anliegens, Bekräftigung der eigenen Position, Grußformel

Die Unterschiede in den Schreibplänen liegen in der Anordnung der Hauptteile. Im Schreibplan A werden die Argumente in zwei Blöcke aufgeteilt. Sprichst du dich für das allgemeine Duzen aus, so stellst du im ersten Block Argumente dar, die sich dafür aussprechen (Pro-Argumente), der zweite enthält die Argumente, die deiner Meinung dagegen sprechen könnten (Kontra-Argumente). Es müssen bei diesem Fall nicht immer gleich viele Pro- und Kontra-Argumente ausgeführt werden. Oftmals genügt es, nur auf ein Kontra-Argument einzugehen.
Die Abfolge der Argumente ist zunächst steigend: Du beginnst mit dem schwächsten Pro-Argument und endest mit dem stärksten. Nach einer Überleitung setzt du dann die Erörterung mit dem stärksten Kontra-Argument fort, um schließlich die Argumente bis zum Schluss immer weiter abzuschwächen. Diese Anordnung ist sinnvoll, wenn die Pro- und Kontra-Argumente sich nicht immer aufeinander beziehen lassen und du sehr starke Pro- bzw. Kontra-Argumente gefunden hast.
Im Schreibplan B werden die Pro- und Kontra-Argumente direkt gegenübergestellt. Dies ist dann zweckmäßig, wenn sich die Pro- und Kontra-Argumente inhaltlich aufeinander beziehen lassen. Du kannst bei dieser Art der Gliederung deine Argumente nach Gesichtspunkten ordnen. Es ist außerdem möglich, bei jedem Aspekt die Argumente abzuwägen.
Des Weiteren überlegst du, womit du in deiner Einleitung beginnen könntest. Gibt es einen bestimmten Anlass, warum du dich mit dem Problem auseinandersetzt? Kannst du vielleicht mit einem allgemeinen Hinweis oder einer persönlichen Erfahrung oder Beobachtung, einem Zitat, einer Redensart oder statistischen Zahlen auf das Problem hinführen? Beachte auch, ob du deine Argumentation an jemanden richten sollst und inwieweit du deinen Adressaten in deine Erörterung einbeziehst. Das ist vor allem bei Briefen wichtig. Außerdem solltest du in deiner Einleitung genau auf das Problem hinweisen, indem du die Problemstellung in einem Satz beschreibst oder die Problemfrage stellst.
Der Schluss ist besonders wichtig, da du hier nochmal deutlich darlegst, wie du zu dem Problem stehst. Greife dazu noch mal dein wichtigstes Argument auf, ohne dich aber einfach zu wiederholen. Achte auch hierbei auf den Adressaten deiner Ausführungen.

▶ Entwirf einen Schreibplan für deinen erörternden Brief.

Fünfter Schritt: Einen erörternden Brief schreiben

Wenn du dich entschieden hast, wie du zu dem Problem stehst, wenn du deine Argumente geordnet hast und weißt, wie du anfangen willst, schreibst du deinen erörternden Brief. Dazu gehört Folgendes:

- Ausformulieren des Anfangs, der die Problemfrage und den Schreibanlass sowie deine Position deutlich macht,
- Ausformulieren der Stichworte oder der Mindmap in ganzen Sätzen zu einem zusammenhängenden Text,
- Ausformulieren des Schlusses, der deine Position verdeutlicht und ein Fazit zur Problemfrage bietet,
- durch Überleitungen Verbindungen zwischen den Textteilen herstellen,
- durch entsprechende Hinweise die Argumente gewichten,
- durch Satzverknüpfungswörter die Argumente und Beispiele miteinander verbinden,
- durch sprachliche und stilistische Mittel den Text interessant und überzeugend gestalten,
- durch die Verwendung von Fachbegriffen präzise schreiben,
- durch Anreden den Adressaten einbeziehen.

▶ Setze deinen Schreibplan um und schreibe einen erörternden Brief zum Thema „gegenseitiges Duzen in der Schule“.

Sechster Schritt: Den erörternden Brief überarbeiten

Nachdem du deinen erörternden Brief geschrieben hast, liest du ihn noch mal durch und korrigierst und verbesserst ihn. Dazu hilft dir folgende Checkliste:

CHECKLISTE

1. **Text inhaltlich überarbeiten:**
   - Habe ich die Aufgabenstellung genau beachtet?
   - Weist die Einleitung auf das Thema hin? Habe ich die Problemfrage gestellt?
   - Habe ich die ausgewählten Pro- und Kontra-Argumente angeführt?
   - Habe ich die Argumente gewichtet?
   - Passt die Reihenfolge der Argumente zu meiner eigenen Meinung?
   - Stützen meine Beispiele und Belege die Argumente?
   - Wird meine eigene Meinung deutlich?
   - Habe ich mein Schreibziel erreicht?
   - Habe ich nichts vergessen?

Vergleiche deinen Aufsatz mit deinen Auswertungen und deinem Schreibplan.

2. Text sprachlich überarbeiten:
- Ist mein Text verständlich?
- Sind meine Ausführungen logisch aufgebaut?
- Habe ich jeden neuen Gedanken in einem eigenen Absatz dargestellt?
- Habe ich jedes Argument und jedes Beispiel in einem eigenen Satz untergebracht?
- Habe ich Überflüssiges gestrichen?
- Bin ich beim Thema geblieben?
- Habe ich durchgängig den Adressaten meines Textes beachtet und ihn in meine Argumentation einbezogen?
- Unterstützen meine Überleitungen den inneren Zusammenhang meines Textes?
- Habe ich Satzverknüpfungswörter verwendet?
- Ist mein Satzbau grammatisch richtig?
- Sind Sprache und Wortwahl angemessen?
- Passen meine ausgewählten Stilmittel zum Thema?
- Schreibe ich durchweg sachlich?
- Ist mein Text überzeugend?
- Habe ich Fachbegriffe verwendet?
- Habe ich die richtige Zeitform gewählt?

3. Text rechtschriftlich überprüfen:
- Sind Rechtschreibung und Zeichensetzung korrekt?
- Habe ich, wenn ich unsicher bin, die Wörter nachgeschlagen?

▶ Überarbeite deinen erörternden Brief.

Ein erörternder Brief zur Problemfrage, ob man in der Schule das allgemeine Duzen einführen soll oder nicht

Liebe Schülervertretung,

über das schwarze Brett und die Klassensprecher habt ihr uns dazu aufgerufen, euch mitzuteilen, wie wir zu eurer Überlegung stehen, dass wir uns alle an der Schule duzen. Das würde bedeuten, dass nicht nur die Lehrer uns duzen, son-

dern auch wir die Lehrer. Ich bin persönlich gegen das gegenseitige Duzen und möchte euch meine Gründe für meine Position darlegen.

Wenn wir Schüler die Lehrer weiterhin siezen, trainieren wir zugleich, wie wir mit Erwachsenen zu reden haben. Denn es wird von uns erwartet, dass wir im Alltag Erwachsene siezen, bis sie uns das Du anbieten. Außerdem bereiten wir uns durch das Siezen in der Schule auf das spätere Berufsleben vor. Wie ihr wisst, müssen wir den Chef oder die Kollegen ja auch siezen, wenn wir an einem Vorstellungsgespräch teilnehmen oder eine Ausbildung beginnen. Ihr solltet ferner bedenken, dass sich in den weiterführenden Schulen Lehrer und Schüler gegenseitig siezen.

Außerdem glaube ich, dass wir respektvoller mit den Lehrern umgehen, wenn wir sie weiterhin siezen. Denn man beschimpft sich eher, wenn man sich duzt. Ein „Du Blödmann!" rutscht einem schneller raus, als ein „Sie Blödmann!". Diese Erfahrung habt ihr sicher auch schon gemacht.

Am wichtigsten aber finde ich, dass die Gleichheit, die zwischen Duzenden bestehen soll, in der Schule nicht entstehen kann. Es wäre nur eine scheinbare Gleichheit, da die Lehrer uns weiterhin die Noten geben. Wir werden daher nie wirklich auf einer Ebene mit den Lehrern reden können. Daher ist das „Sie" meiner Ansicht nach ehrlicher.

Da aber sicher viele Schüler für das Duzen argumentieren werden, will ich im Folgenden versuchen, einige Gründe zu entkräften, die für das Duzen sprechen.

So behaupteten zum Beispiel einige in meiner Klasse, dass sich durch das gegenseitige Duzen der Lehrer und Schüler die Atmosphäre im Klassenraum verbessern würde. Sie sagten, es sei in Sportvereinen so, dass eine bessere Stimmung zwischen Trainer und Spieler entsteht, wenn sie sich duzen. Doch die Situation in einem Sportverein lässt sich meines Erachtens nicht auf den schulischen Alltag übertragen. Denn in den Verein geht man aus Spaß, während der Schulbesuch Pflicht für uns ist.

Ich glaube daher auch nicht, dass durchs Duzen ein lockerer Umgang und ein besseres Verhältnis zwischen Lehrern und Schülern aufkommen würden. Denn Lockerheit entsteht nicht durchs Duzen, sondern dadurch, wie man sich dem anderen gegenüber gibt. Ich bitte euch zu bedenken, dass mein Verhältnis zu einem Lehrer, den ich nicht leiden kann oder auch nur unsympathisch finde, auch dann nicht besser wird, wenn ich ihn duze. Diese erzwungene Lockerheit und Vertrautheit kann in der Schule sehr eigenartig und seltsam wirken.

Einige behaupten, dass durch das Duzen eine bessere und engere Gemeinschaft entstehen kann, das „Du" also wie ein Kitt zwischen Lehrern und Schülern wirkt. Dies ist sicherlich möglich, wenn wir als Klasse gemeinsam mit dem Lehrer etwas unternehmen, zum Beispiel auf einer Klassenfahrt oder bei einem

Klassenfest. Doch dies ist im Unterricht nicht der Fall, dort stehen sich weiterhin Lehrer und Schüler gegenüber und der Kitt, der durch das Du entstehen soll, würde bei der ersten Unstimmigkeit wieder bröckeln.
Aus den genannten Gründen möchte ich euch von der Schülervertretung darum bitten, den Vorschlag, dass sich Lehrer und Schüler gegenseitig duzen sollen, nicht weiter zu verfolgen. Die Idee der Gleichheit, die mit dem Duzen verbunden ist, kann in der Schule nicht umgesetzt werden, solange die Lehrer uns Noten geben. Auch die Atmosphäre in der Klasse wird durch das Duzen nicht zwangsläufig besser, wenn Lehrer und Schüler nicht auf einer Wellenlänge sind. Der Vorteil aber, dass das Siezen uns auf das Erwachsenenleben im Alltag und Beruf vorbereitet, liegt für mich eindeutig auf der Hand.

Viele Grüße ...

- Welcher Schreibplan wurde für den erörternden Brief ausgewählt? Untersuche, wie der erörternde Brief aufgebaut ist.

- Wie man das gegenseitige Duzen in der Schule beurteilt, muss natürlich jeder selbst entscheiden. Entsprechend unterschiedlich fallen auch die erörternden Briefe aus. Dennoch ist es sinnvoll, verschiedene erörternde Briefe zu lesen. Vergleiche deine schriftliche Argumentation mit dem obigen Text. Stelle Gemeinsamkeiten und Unterschiede fest.

Selbstbeurteilungsbogen

▶ Der folgende Selbstbeurteilungsbogen hilft dir, Gelungenes und Fehler in deinem erörternden Brief zu erkennen. Gehe den Bogen Schritt für Schritt durch. In der rechten Spalte findest du Hinweise für die Nachbearbeitung.

Frage	Ja	Nein	Das könnte ich noch tun …
Habe ich die Aufgabenstellung berücksichtigt?			• Markiere den Arbeitsauftrag und formuliere ihn mit eigenen Worten. • Achte auf die Textsorte, die du verfassen sollst.
Habe ich die Operatoren richtig verstanden?			• Schlage die Bedeutung der Operatoren nach.
Habe ich das Thema und das Problem umfassend erfasst?			• Formuliere die Problemfrage. • Notiere die Pro- und die Kontra-These. • Erstelle eine Stoffsammlung zum Thema als Cluster.
Habe ich eine interessante Einleitung geschrieben?			• Beginne deine Einleitung mit einem Zitat, einer Redensart, einem persönlichen Erlebnis, einer Beobachtung, einem Hinweis auf eine allgemeine Erfahrung oder Tatsache, einem aktuellen Hinweis aus den Medien, einem Hinweis auf wissenschaftliche Erkenntnisse oder Statistiken. • Weise in deiner Einleitung genau auf das Problem hin.
Habe ich wichtige Pro-Argumente gefunden?			• Stelle mit jedem Argument auch einen Bezug zum Thema her. • Beachte, dass ein Pro-Argument die Problemstellung bejaht.
Habe ich wichtige Kontra-Argumente gefunden?			• Stelle mit jedem Argument auch einen Bezug zum Thema her. • Beachte, dass ein Kontra-Argument die Problemstellung verneint.
Habe ich die Argumente mit nachvollziehbaren Beispielen gestützt?			• Beziehe dich auf deine Erfahrungen. • Beziehe dich auf das Material und die Texte, die dir eventuell zur Verfügung gestellt wurden. • Beziehe dich auf Material aus dem Unterricht zu diesem Thema. • Wenn möglich, verschaffe dir weitere Informationen.

Frage	Ja	Nein	Das könnte ich noch tun …
Habe ich die Argumente nachvollziehbar gewichtet?			• Bringe deine Argumente in eine passende Reihenfolge. • Überlege, welche Argumente sich aufeinander beziehen.
Habe ich mich durchgängig an meinen Adressaten gewandt?			• Versetze dich in die Lage deines Adressaten und überlege, welche Aspekte des Themas ihn besonders interessieren. • Sprich deinen Adressaten an und beziehe ihn in deine Argumentation ein.
Habe ich meine Erörterung strukturiert?			• Unterteile deine Erörterung in Abschnitte. • Verbinde deine Abschnitte mit Überleitungen. • Gliedere deine Erörterung nach Argumenten.
Habe ich Argumente und Beispiele aufeinander bezogen?			• Nutze Satzverknüpfungswörter und mache so deutlich, wie sich die Argumente und Beispiele aufeinander beziehen.
Habe ich mich präzise, genau und abwechslungsreich ausgedrückt?			• Prüfe den Text auf unnötige Wortwiederholungen. • Kannst du wiederholt auftretende Wörter durch ähnliche ersetzen? • Welche Stilmittel kannst du einsetzen?
Habe ich die Sätze richtig, angemessen und abwechslungsreich formuliert?			• Ist jeder Satz vollständig? • Sind die Sätze übersichtlich gebaut und nicht verschachtelt? • Beginnen die Sätze mit verschiedenen Satzgliedern? Führe die Umstellprobe durch.
Habe ich verständlich und überzeugend geschrieben?			• Lies deine Erörterung aus der Perspektive eines Mitschülers. • Versetze dich in die Lage eines Gegners deiner Ansicht. Wirkt dein Text auf ihn überzeugend?
Habe ich einen überzeugenden Schluss geschrieben?			• Stelle in deinem Fazit deutlich dar, wie du zu dem Problem stehst. Du entscheidest dich entweder klar für die Pro-These oder die Kontra-These oder vermittelst zwischen den beiden Thesen. • Bekräftige noch mal dein wichtigstes Argument.

2.2 Einen Sachtext analysieren und Stellung nehmen: die textbasierte (textgebundene) Erörterung

Grundlage für diese Form der Erörterung ist ein Text zu einem Sachthema, den du analysieren und zu dem du erörternd Stellung nehmen sollst. Dazu gehört, dass du die Inhalte des Textes erfasst und ermittelst, welche Meinung der Verfasser zu dem Thema vertritt und mit welchen Mitteln der Autor versucht, die Leser von seiner Meinung zu überzeugen. Du untersuchst, welche Argumente in dem Text vertreten werden, und nimmst auch selbst Stellung zu dem Thema.
Worauf du bei der textbasierten (textgebundenen) Erörterung achten musst, wird dir im Folgenden an einem Beispiel mit Aufgabenstellung erläutert. Der Verlauf der Arbeit umfasst sechs Schritte:

1. Sich über die Aufgabenstellung und den Text orientieren
2. Den Text lesen und seine Inhalte erfassen
3. Den Text untersuchen und auswerten, Stellungnahme vorbereiten
4. Einen Schreibplan anlegen
5. Eine Analyse und die Stellungnahme zum Text schreiben
6. Die Analyse überarbeiten

Erster Schritt: Sich über die Aufgabenstellung und den Text orientieren

Zunächst solltest du dich mit der Aufgabenstellung vertraut machen. Denn von der Aufgabenstellung hängt es ab, welche Gesichtspunkte des Textes du analysieren und beurteilen sollst.

Aufgabenstellung:

1. Analysiere den Text „So ist lernen voi lässig“. Gehe dabei so vor:
   a) Verfasse eine Einleitung, in der du Überschrift, Erscheinungsort, Autorin und Thema benennst.
   b) Gib die wesentlichen Aussagen des Textes in eigenen Worten wieder.
   c) Die Lehrerin zitiert die Lehrer Wittner und Filecca. Untersuche die Funktion der Zitate.
2. „Computerspielen sollte Unterrichtsfach sein“. Setze dich mit dieser Aussage auseinander. Begründe deine Meinung und beziehe dich auch auf den Text.

- ▶ In dieser Aufgabenstellung sind die Operatoren (Arbeitsanweisungen) unterstrichen. Schlage sie nach, um die Aufgaben richtig lösen zu können.
- ▶ Verschaffe dir einen ersten Überblick über den Text: Worum geht es? Lies die Überschrift und überfliege den Text.

„So lernen ist voi lässig“

Monika Holthoff-Stenger

Erst vor wenigen Wochen alarmierten bekannte Spielekritiker wie der Hirnforscher Manfred Spitzer und der Kriminologe Christian Pfeiffer die Öffentlichkeit: „Je brutaler Computerspiele und je mehr Zeit die Kinder damit vergeuden, desto schlechter sind die Schulleistungen“, heißt es im „Kölner Aufruf gegen Computergewalt“. Michael Wagner, Professor für technologieunterstütztes Lernen und Multimedia an der Donau-Universität Krems, glaubt nicht an das Böse im Spiel. Im Auftrag des österreichischen Unterrichtsministeriums hat der Forscher im vergangenen Schuljahr an sechs Schulen ein ungewöhnliches Experiment durchgeführt. 150 Schüler zwischen elf und 19 Jahren durften von März bis Juli 2008 im Unterricht daddeln. Der Bildungsexperte ist überzeugt: „Selbst Ego-Shooter können wichtige Kompetenzen vermitteln, wenn sie ästhetisch und pädagogisch sinnvoll im Unterricht eingesetzt werden.“
Computerspiele können schlau machen – das hat sich spätestens seit dem Erfolg der Denkspielsammlung „Dr. Kawashimas Gehirnjogging“ herumgesprochen. Manche Experten glauben sogar, dass sich damit auch im Unterricht trefflich lernen lässt. In schottischen Lehranstalten bringen Schüler bereits ihre grauen Zellen mit morgendlicher Hirngymnastik an der Konsole Nintendo DS auf Trab.
An deutschen Schulen sind PC-Spiele weitgehend tabu. Zu tief sitzt der Pisa-Schock, zu nachhaltig haben Gewalt- und Suchtdebatten vielen Pädagogen wie Eltern die Überzeugung eingeimpft, dass Games aggressiv, dick und dumm machen. „Ein Lehrer, der Kinder vor PC-Spiele setzt, ist bloß unterrichtsmüde“, denkt beispielsweise die Münchner Medizinerin und vierfache Mutter Sabine Rabe.
Am Elsa-Brändström-Gymnasium in Oberhausen ist Ballern jedoch Pflicht. Hier unterrichtet Marco Fileccia Politik und Informatik. Der Lehrer und Marathonläufer organisiert seit fünf Jahren LAN-Partys (gemeinsames Spielen über ein lokales Computernetzwerk), erfand die „Spielzeit“ für Eltern und verankerte Games im Unterricht der Klassen fünf bis zehn. Derzeit testen seine Zehntklässler diverse PC-Spiele, darunter auch „World of Warcraft“ und „Counter-Strike“. Im Wahlpflichtkurs setzen sie sich mit Faszination, Gewalt und Design kommerzieller Spiele auseinander. „Meine Schüler sagen, dass sie neue Games gar nicht mehr unvoreingenommen genießen können, weil ständig ein Katalog kritischer Fragen im Kopf abläuft – genau das will ich provozieren“, freut sich Fileccia. Historische Fakten oder wirtschaftliche

Zusammenhänge würde der zweifache Vater mit kommerziellen Spielen indes nicht pauken. „Meist wimmelt es darin vor sachlichen Fehlern", bedauert er.

Das schreckt Peter Wittner, Englisch- und Informatiklehrer am Bundesrealgymnasium Zell am See, nicht ab. Mit Online-Spielchen versüßt er seinen Schülern die Paukerei. „Die Kinder sind begeistert, und der Stoff sitzt", schwärmt der Pädagoge. Als der 60-Jährige vom Wagnerschen Computerspiel-Projekt an österreichischen Schulen hörte, waren er und seine Kollegin Heidi Eder-Kaserer sofort mit dabei.

Von April bis Juni 2008 ließen die beiden ihre Sechstklässler die englische Version des „Zoo Tycoon 2" spielen. Vordergründig managten die Elf- bis Zwölfjährigen einen Zoo, bauten Gehege, pflegten Tiere und kreierten Besucherattraktionen. Ganz nebenbei trainierten sie englische Vokabeln und Grammatik, führten im Deutschunterricht Interviews, verfassten Blogbeiträge, Tier- und Spielbeschreibungen, zeichneten im Fach Kunst Vierbeiner und studierten in Biologie deren natürliche Lebensräume.

Die vielen Arbeitsaufträge taten der allgemeinen Begeisterung keinen Abbruch – im Gegenteil. „So lernen war voi[1] lässig", befindet Schülerin Melanie, 13, und auch Wittner ist voll des Lobes: „Wenn Lerninhalte raffiniert in einem Spiel verpackt sind, habe ich die 100-prozentige Aufmerksamkeit der Schüler – davon kann ich sonst nur träumen."

Vor zu hohen Erwartungen warnt Bildungsforscher Wagner. „Daddeln allein macht nicht schlau. Zum Transfer von Kompetenzen kommt es nur dann, wenn Lehrer die Inhalte von Computerspielen durch bestimmte Aufgaben auf die Realität beziehen – dazu gehört viel Vorbereitung."

Diesen Aufwand scheut Lehrer Wittner nicht. Finanzielle Probleme hindern ihn daran, Spiele weiterhin zum Lernen einzusetzen: „Ein Klassensatz „Zoo Tycoon 2" kostet 750 Euro", rechnet er vor. Geld, das seine Schule nicht hat. Auf Schulrabatte oder Klassenlizenzen kann der stellvertretende Direktor nicht hoffen – die wenigsten Spielehersteller zählen Schulen zur potenziellen Käuferschaft. „Rabatte sind denkbar – falls die Nachfrage steigen sollte", verheißt zumindest Martin Lorber, Pressesprecher des Branchenriesen Electronic Arts. Lehrer Fileccia würde sich darüber freuen: „Computerspiele sind ein solch zentraler Bestandteil der Lebenswelt von Schülern, dass wir uns endlich damit befassen müssen."

1 super (österreichisch)

http://www.focus.de/schule/dossiers/neue-medien/paedagogik-so-lernen-ist-voi-laessig_aid_366513.html – FOCUS Magazin | Nr. 6 (2009)

Zweiter Schritt: Den Text lesen und seine Inhalte erfassen

Mache dir bewusst, worum es in dem Text geht, was genau thematisiert wird. Achte auch darauf, welche Absichten die Autorin mit ihrem Text verfolgt.

▶ Lies dir den Text genau durch.
- Kläre die Textstellen und Wörter, die dir unklar sind.
- Markiere Textstellen, die dir besonders wichtig erscheinen.

Dritter Schritt: Den Text untersuchen und auswerten, Stellungnahme vorbereiten

In der ersten Aufgabe wird von dir verlangt, dass du den Sachtext analysierst. Dabei kommt es darauf an, dass du die Inhalte des Textes zusammenfassend wiedergibst und die sprachlichen Mittel und deren Wirkung ermittelst.
Die folgende Übersicht enthält die wichtigsten Fragen, die du bei der Analyse des Textes berücksichtigen musst. Allerdings hängt es vom Text und von der Aufgabenstellung ab, ob es sinnvoll und notwendig ist, alle Fragen zu beantworten.

Einen Sachtext analysieren

Bereich	Fragestellung
Thema/Inhalt des Textes	• Was ist das genaue Thema? • Welche Gesichtspunkte werden in dem Text vorgestellt? • Welche Textsorte liegt vor? Gibt es Hinweise für diese Textsorte? • Welchen Bezug hat der Titel zum Text?
Argumentation des Textes	• Welche Argumente werden in dem Text genannt? • Mit welchen Beispielen und Belegen werden die Argumente gestützt? • Wie werden die Argumente gewichtet? Welches ist das stärkste Argument? • Werden Gegenargumente genannt? Werden sie entkräftet? • Wie ist die Argumentation aufgebaut?
Sprachliche Mittel	• Welche Sprachbilder (Metaphern) findest du, die für die Wirkung der Argumente von Bedeutung sind? • Welche Stilmittel fallen auf? Welche Wirkung haben sie? • Werden bestimmte Wortarten oder Wörter in auffälliger Weise verwendet? • Welche Auffälligkeiten im Satzbau gibt es? Was bewirken sie?

Absicht des Autors	• Welche Meinung nimmt der Autor zu dem Thema ein? • Wie geht der Autor mit Gegenmeinungen um? • Was will der Autor mit seinem Text erreichen? Welches Ziel verfolgt er?

▶ Erstelle auf einem A4-Blatt oder auf einer Karteikarte eine Mindmap, aus der hervorgeht, worauf du bei einer Analyse eines Sachtextes achten musst. Benutze die Mindmap als Lernkarte.

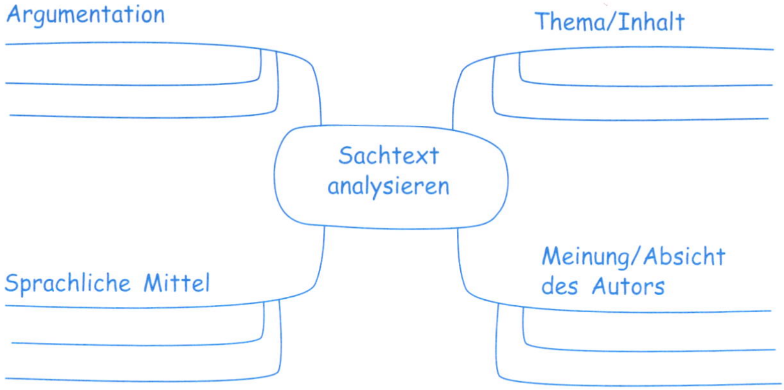

Zu einem Sachtext Stellung nehmen

Es wird in der zweiten Aufgabe von dir verlangt, dass du dich mit den Aussagen des Sachtextes auseinandersetzt und dazu Stellung nimmst. Dies kann die Beantwortung der folgenden Fragen bedeuten. Allerdings musst du auf den genauen Wortlaut der Aufgabenstellung achten.

Bereich	Fragestellung
Beurteilung	• Wie beurteile ich das Thema bzw. das Problem des Textes? • Welche Bedeutung besitzt das Thema heute? • Wie wirkt der Text auf den heutigen Leser, wie wirkt er auf mich? • Welche Meinung vertritt der Autor und wie stehe ich dazu? • Wie beurteile ich die Art und Weise der Argumentation? • Welche sprachlichen und stilistischen Mittel machen den Text überzeugend?

▶ Führe eine Analyse des Textes „So ist lernen voi lässig" durch. Notiere deine Ergebnisse in Stichworten, als Cluster oder Mindmap.

Vierter Schritt: Einen Schreibplan anlegen

Durch einen Schreibplan kannst du deine bisherigen Ergebnisse ordnen, sinnvoll aufeinander aufbauen und Schwerpunkte setzen. Jeder neue Gesichtspunkt sollte in einem eigenen Absatz dargestellt werden. Berücksichtige in der Gliederung die Schwerpunkte der Aufgabenstellung.

Möglicher Schreibplan für eine Sachtextanalyse

Schreibplan

Einleitung:
Vorstellung des Textes mit Titel, Autorin, Textart, Thema, Erscheinungsort

Hauptteil:
- Inhaltliche Zusammenfassung des Sachtextes
- Untersuchung der Funktion der Zitate

Schluss
- Auseinandersetzung mit der Aussage
- Eigene Meinung

▶ Entwirf einen Schreibplan für deine Analyse des Textes „So ist lernen voi lässig".

Fünfter Schritt: Eine Analyse und die Stellungnahme zum Text schreiben

Nachdem du nun den Sachtext untersuchst und einen Schreibplan entworfen hast, schreibst du deine Analyse. Dazu gehört Folgendes:
- Ausformulieren der Stichworte oder der Mindmap in ganzen Sätzen zu einem zusammenhängenden Text,
- Formulieren von Überleitungen zwischen den Textteilen,
- durch Satzverknüpfungswörter Sätze verbinden,
- durch sprachliche und stilistische Mittel den Text interessant und überzeugend gestalten,
- durch die Verwendung von Fachbegriffen präzise schreiben,
- durch Zitate wichtige Aussagen über den Text belegen.

▶ Setze deinen Schreibplan um und schreibe eine Analyse des Textes „So ist lernen voi lässig".

Sechster Schritt: Die Analyse überarbeiten

Nachdem du deinen Text geschrieben hast, liest du dir deinen Aufsatz noch mal durch, korrigierst und verbesserst ihn. Dazu hilft dir folgende Checkliste:

CHECKLISTE

1. Text inhaltlich überprüfen:
- Habe ich die Aufgabenstellung genau beachtet?
- Enthält die Einleitung die notwendigen Informationen (Titel, Autor, Textsorte, Thema, Erscheinungsort)?
- Wird das Thema des Ausgangstextes erläutert?
- Werden die wichtigsten Argumente wiedergegeben?
- Habe ich die sprachlichen und stilistischen Mittel analysiert?
- Wird meine eigene Beurteilung des Ausgangstextes deutlich?
- Habe ich mein Schreibziel erreicht?
- Habe ich nichts vergessen?

Vergleiche deinen Aufsatz mit deinen Auswertungen und deinem Schreibplan.

2. Text sprachlich überarbeiten:
- Ist mein Text verständlich?
- Sind meine Ausführungen logisch aufgebaut?
- Habe ich jeden neuen Gedanken in einem eigenen Absatz dargestellt?
- Habe ich Überflüssiges gestrichen? Bin ich beim Thema geblieben?
- Unterstützen meine Überleitungen den inneren Zusammenhang meines Textes?
- Stimmen die Zitate und habe ich die Zitate in Anführungsstriche gesetzt und mit Zeilenangaben versehen?
- Habe ich Satzverknüpfungswörter verwendet?
- Ist mein Satzbau grammatisch richtig?
- Sind Sprache und Wortwahl angemessen?
- Passen meine ausgewählten sprachlichen und stilistischen Mittel zum Thema? Schreibe ich durchweg sachlich?
- Ist meine Beurteilung begründet?

3. Text rechtschriftlich überprüfen:
- Sind Rechtschreibung und Zeichensetzung korrekt?
- Habe ich, wenn ich unsicher bin, die Wörter nachgeschlagen?

▶ Überarbeite deinen Text.

Eine Analyse zu „So lernen ist voi lässig" von Monika Holthoff-Stenger

1. Monika Holthoff-Stenger referiert in ihrem Artikel „So lernen ist voi lässig", der auf der Homepage der Zeitschrift Focus im Jahr 2009 erschien, über Versuche von Lehrern und Wissenschaftlern verschiedene, auch brutale Computerspiele im Unterricht sinnvoll einzusetzen. Diese Versuche überraschen. Denn bisher wurde vor allem der Zusammenhang von gewalttätigen Computerspielen, der langen Spieldauer und schlechten Schulleistungen von den Wissenschaftlern betont, wie Holthoff-Stenger gleich zu Beginn ihres Artikels erwähnt. Deshalb scheint es zunächst unmöglich, Computerspiele im Unterricht einzusetzen. Doch Holthoff-Stenger berichtet, wie Professor Michael Wagner sogar Ego-Shooter in der Schule spielen lässt, um Kompetenzen der Schüler zu fördern. Auch nennt Holthoff-Stenger Beispiele, wie Schüler im Ausland durch Computerlernspiele fit gemacht werden. In Deutschland dagegen, so die Journalistin, gehe man davon aus, dass Computerspiele in der Schule nichts zu suchen haben, da sie süchtig, dick, dumm und aggressiv machen würden. Außerdem würden sie nur von Lehrern ausgewählt, die keine Lust haben, sich vorzubereiten.

Im Unterschied dazu berichtet sie von zwei Lehrern, die Computerspiele im Unterricht einsetzen. Sie geht zuerst auf Marco Fileccia ein, der nicht nur LAN-Partys an seiner Schule organisiert, sondern der sich mit seinen Schülern in einem Wahlpflichtkurs mit gewalttätigen Computerspielen auseinandersetzt. Der Lehrer behauptet, dass die Schüler so eine kritische Haltung zu diesen Spielen erwerben würden. Allerdings würde er keine geschichtlichen oder wirtschaftlichen Stoffe durch die Spiele vermitteln wollen, da sie voller inhaltlicher Fehler seien.

Im Anschluss berichtet die Journalistin von Peter Wittner, der seine Schüler einen virtuellen Zoo organisieren lässt. Von diesem Projekt sind die Fächer Deutsch, Englisch, Kunst, Biologie betroffen, wenn die Schüler schreiben, Vokabeln lernen, zeichnen, Informationen sammeln ... Den Schülern mache dieser Unterricht viel Spaß, er setze aber auch eine Menge Vorbereitung voraus, meint Lehrer Wittner, womit er der Ansicht widerspricht, nur unterrichtsmüde Lehrer ließen Schüler im Unterricht am Computer spielen. Wichtig für einen sinnvollen Einsatz der Spiele sei, dass die Schüler ihre Erkenntnisse auf die Realität übertragen können. Allerdings, so stellt Wittner klar, scheitere der weitere Einsatz von Computerspielen im Unterricht an den hohen Anschaffungskosten. Dennoch seien Computerspiele so wichtig im Alltag der Schüler geworden, dass man sich in der Schule damit beschäftigen müsse, sagt der Lehrer Fileccia, den Holthoff-Stenger zitiert.

Auch wenn die Autorin nicht eindeutig ihre Meinung äußert, wird deutlich, dass sie für den Einsatz der Computerspiele in der Schule ist. Zwar verschweigt sie nicht die Ansichten der Computerspiel-Gegner. Aber sie erwähnt diese nur zu Beginn des Artikels, sodass deren Meinung nicht weiter ins Gewicht fällt. Auch

hebt sie die Meinung der Wissenschaftler, die die Computerspiele verurteilen, durch die Ansicht eines Wissenschaftlers auf, der den Nutzen auch gewalttätiger Spiele unterstreicht.
Die Autorin Holthoff-Stenger zitiert einige Aussagen der Lehrer Filecca und Wittner. Dadurch wirkt ihr Artikel authentischer und glaubhafter. Anhand der Zitate wird außerdem deutlich, dass die Journalistin für den Einsatz von Computerspielen im Unterricht ist. Durch das Zitat des Lehrers Filecca „Meine Schüler sagen, dass sie neue Games gar nicht mehr unvoreingenommen genießen können, weil ständig ein Katalog kritischer Fragen im Kopf abläuft – genau das will ich provozieren" (Z. 32-35) wird ein brisanter Kritikpunkt der Computerspiel-Gegner angesprochen. So wird deutlich, warum es wichtig sein kann, dass die Schüler sich mit den Spielen im Unterricht auch aktiv auseinandersetzen: Sie gelangen zu einer kritischen Haltung, die sie in der Freizeit kaum erwerben würden. Welchen Erfolg Computerspiele im Unterricht haben können, zeigt das Zitat von Wittner: „Die Kinder sind begeistert und der Stoff sitzt". (Z. 41).
Die Journalistin überzeugt auch, weil sie negative Aspekte nicht verschweigt, wie die hohen Kosten, die inhaltlichen Fehler und falschen Fakten der Spiele sowie den hohen Vorbereitungsaufwand. Besonders am Ende des Artikels wird deutlich, welche Botschaft Holthoff-Stenger dem Leser mitteilen will: „Computerspiele sind ein solch zentraler Bestandteil der Lebenswelt von Schülern, dass wir uns endlich damit befassen müssen." (Z. 68-69) Dieser Appell des Lehrers Filecca ist auch zugleich ihr Fazit, denn er steht am Ende ihres Artikels.
2. Ich kann der Forderung, dass Computerspielen ein Unterrichtsfach sein sollte, nicht einfach so zustimmen. Ich denke, es ist aus finanziellen und organisatorischen Gründen nicht möglich, dass alle Schüler z.B. zwei Stunden die Woche in der Schule Computer spielen. Ich meine auch, dass das Computerspielen hauptsächlich in die Freizeit gehört. Dennoch ist es sinnvoll, dass man, so wie Lehrer Wittner es tut, Computerspiele in den Unterricht integriert. Das Projekt der Sechstklässler hätte ich gerne erlebt. Ich finde es gut, weil nicht nur gespielt wird, sondern auch viele andere Dinge thematisiert werden. Auch die Idee des Lehrers Filecca, eine kritische Haltung zu gewalttätigen Computerspielen durch das Spielen im Unterricht zu erzeugen, gefällt mir. Wir erfahren aber nicht, was die Schüler wirklich denken, da nur zitiert wird, was sie dem Lehrer gesagt haben. Gehen sie wirklich kritischer mit den Spielen um? Diese Frage bleibt offen. Fest steht nur, dass sie weiter Gewaltspiele kaufen und spielen. Dennoch meine ich, dass es wichtig ist, im Unterricht darauf einzugehen, damit eine kritische Auseinandersetzung stattfindet. Computerspiele sind nicht mehr aus unserer Gesellschaft wegzudenken. Entscheidend ist deshalb ein bewusster, vernünftiger Umgang damit. Den kann die Schule in Projekten oder Fächern wie Deutsch, Informatik und Politik vermitteln. Ein eigenes Fach braucht man dafür nicht.

- Wie wurden die die einzelnen Abschnitte des Schreibplans umgesetzt?
- Wie man den Text analysiert und beurteilt, hängt natürlich vom jeweiligen Schreiber des Aufsatzes ab. Vergleiche deinen Aufsatz mit dem obigen Text. Stelle Gemeinsamkeiten und Unterschiede fest.

Selbstbeurteilungsbogen

- Der folgende Selbstbeurteilungsbogen hilft dir, Gelungenes und Fehler in deiner Sachtextanalyse zu erkennen. Gehe den Bogen Schritt für Schritt durch.

Frage	Ja	Nein	Das könnte ich noch tun …
Habe ich die Aufgabenstellung berücksichtigt?			• Markiere die Arbeitsaufträge und formuliere sie mit eigenen Worten.
Habe ich die Operatoren richtig verstanden?			• Schlage die Bedeutung der Operatoren nach.
Habe ich den Text mit der Sechs-Schritt-Lesemethode erschlossen?			• Wiederhole die Sechs-Schritt-Lesemethode. • Hast du einen Schritt vergessen?
Habe ich eine passende Einleitung geschrieben?			• Nenne in deiner Einleitung Autor, Titel, Textsorte und Erscheinungsort. • Weise genau auf das Thema hin.
Habe ich den Inhalt des Textes richtig zusammengefasst?			• Formuliere in einem Satz, worum es in dem Text geht. • Schreibe im Präsens. • Schreibe direkte Rede in indirekte Rede um. Verwende dabei den Konjunktiv oder dass-Sätze. • Streiche Überflüssiges weg. • Wiederhole die Arbeitstechnik Inhalte zusammenfassen.
Habe ich den Argumentationsgang des Ausgangstextes erarbeitet?			• Notiere die Argumente des Ausgangstextes. • Welche Argumente beziehen sich aufeinander. Welches ist am stärksten? • Unterscheide Beispiele und Argumente.
Habe ich meinen Aufsatz strukturiert?			• Gliedere deinen Text nach Argumenten. • Gliedere deinen Text in Absätze.

Frage	Ja	Nein	Das könnte ich noch tun …
Habe ich beschreibende und deutende Textteile aufeinander bezogen?			• Dein Text sollte verständlich sein, auch wenn man den Ausgangstext nicht vorliegen hat. Stelle daher immer zunächst dar, was du deutest. • Wenn du etwas beschreibst, dann vergiss nicht das Beschriebene zu deuten. • Nutze Satzverknüpfungswörter und mache so deutlich, wie sich deine Textteile und Sätze aufeinander beziehen.
Habe ich mich präzise, genau und abwechslungsreich ausgedrückt?			• Prüfe den Text auf unnötige Wortwiederholungen. • Kannst du wiederholt auftretende Wörter durch ähnliche ersetzen? Formuliere genau und verbessere deine Texte durch Umstell- und Ersatzprobe. • Welche Stilmittel kannst du einsetzen?
Habe ich die Sätze richtig, angemessen und abwechslungsreich formuliert?			• Ist jeder Satz vollständig? • Sind die Sätze übersichtlich gebaut und nicht verschachtelt? • Beginnen die Sätze mit verschiedenen Satzgliedern? Führe die Umstellprobe durch.
Habe ich verständlich geschrieben?			• Lies deinen Text aus der Perspektive deiner Mitschüler oder eines möglichen Adressaten.
Habe ich eine begründete Beurteilung des Textes vorgenommen?			• Überlege, welche Kriterien (Maßstäbe) du bei deiner Beurteilung anwendest. • Vergiss nicht, dein Urteil zu begründen. • Versetzte dich in die Lage eines Gegners. Wirkt dein Text auf ihn überzeugend?
Habe ich richtig zitiert?			• Setze deine Zitate in Anführungszeichen. • Kennzeichne ausgelassene Stellen (…). • Gib nach dem Zitat die entsprechende Zeile in Klammern an *(Z. 35)*.

2.3 Sachtexte vergleichen und Stellung nehmen

Grundlage für diese Aufsatzart sind mehrere Texte zu einem Sachthema, davon ist ein Text in der Regel ein Schaubild (Grafik, statistische Tabelle). Deine Aufgabe besteht darin, die Materialien zu analysieren, sie zu vergleichen und abschließend zu einer Frage Stellung zu nehmen.
Worauf du bei der Bearbeitung achten musst, wird dir im Folgenden an einem Beispiel mit Aufgabenstellung erläutert. Dabei wird der Verlauf der Arbeit in sechs Schritte eingeteilt:

1. Sich über die Aufgabenstellung und die Texte orientieren
2. Die Materialien lesen und deren Inhalte erfassen
3. Die Materialien untersuchen und auswerten, Stellungnahme vorbereiten
4. Einen Schreibplan anlegen
5. Die Ergebnisse des Vergleichs und die Stellungnahme aufschreiben
6. Den eigenen Text überarbeiten

Erster Schritt: Sich über die Aufgabenstellung und die Texte orientieren

Zunächst solltest du dich mit der Aufgabenstellung vertraut machen. Denn von der Aufgabenstellung hängt es ab, welche Gesichtspunkte des Materials du analysieren und beurteilen sollst.

Aufgabenstellung:

1. Untersuche die Materialien. Gehe dabei so vor:
   a) Benenne das gemeinsame Thema der Materialien.
   b) Fasse den Inhalt des Textes zusammen.
   c) Erläutere die wesentlichen Aussagen der Grafik.
   d) Erläutere, inwieweit die Angaben der Grafik die Aussagen des Textes unterstützen.
2. Nimm Stellung zu der Aussage, dass Jugendliche bewusst mit ihren Daten in sozialen Netzwerken umgehen. Begründe deine Meinung und beziehe dich dabei auch auf die Materialien.

▶ In der Aufgabenstellung sind die Operatoren (Anweisungen) unterstrichen. Schlage sie nach, um die Aufgaben richtig lösen zu können.

▶ Bevor du dich in die Texte vertiefst, verschaffe dir einen Überblick, worum es in den Materialien geht. Lies die Überschriften und überfliege die Texte.

Material 1: Mit Mama und Papa online

Julia Böhme

Auf die richtige Einstellung kommt es an: Der Nutzer legt mit einem Klick fest, was er preisgibt.

Marion Oswald, Mutter von 7- und 15-jährigen Söhnen, kann die Ängste der Eltern verstehen, ist ihnen jedoch weit voraus: „Als Oliver noch jünger war, habe ich ihm über die Schulter geschaut und auch gesagt ‚Komm zeig mir mal dein Profil'". Die Cuxhavenerin hat sich frühzeitig mit dem Internet und den unterschiedlichen Kommunikationsmöglichkeiten beschäftigt – ohne sich unnötig in das virtuelle Leben ihres ältesten Sohnes einzumischen.

[...] Sie ist mittlerweile selbst bei Facebook angemeldet, ist dort auch mit ihrem Sohn befreundet. Sie kennt die allgemeinen Geschäftsbedingungen und mögliche Risiken.

„Richtig Konflikte gab es mit meinen Eltern beim Thema ‚Facebook' nie", sagt der 15-jährige Oliver Oswald: „Außer als ich meine Handynummer online gestellt habe – dabei ist die Nummer nur für meine Freunde sichtbar. Aber meine Eltern meinten, ich solle vorsichtiger sein." Oliver hat Verständnis, dass sich seine Eltern sorgen, wie er mit seinen Daten bei sozialen Netzwerken wie Facebook oder „SchülerVZ" umgeht: „Ich habe ihnen erklärt, dass ich nur mit Leuten online befreundet bin, die ich auch wirklich kenne – Freunde, Klassenkameraden oder Nachbarn." Sein Profil ist so eingestellt, dass nur Nutzer, die den Freunde-Status haben, auf seine Kontaktdaten zugreifen können. [...]

Oliver weiß, dass er sich im Notfall an seine Eltern wenden kann. Aber er schützt sich auch selbst: „Ich nehme nur Freundschafts-Anfragen an, wenn ich weiß, wer das ist. Schließlich gibt es ja auch Fake-Accounts – also gefälschte Profile, wo sich Leute für jemand anderen ausgeben. Ich lade auch keine peinlichen Party-Bilder oder so hoch."

Oliver wisse selbst nicht, warum viele Jugendliche so freigiebig mit ihren Daten sind: „Wahrscheinlich fühlen sie sich sicher, weil sie vor ihrem Rechner sitzen und so vermeintlich in den eigenen vier Wänden sind."

http://www.nordsee-zeitung.de/Home/Nachrichten/Startseite/Mit-Mama-und-Papa-online-_arid,526163_puid,1_pageid,52.html, Artikel vom 07.03.11

Material 2:

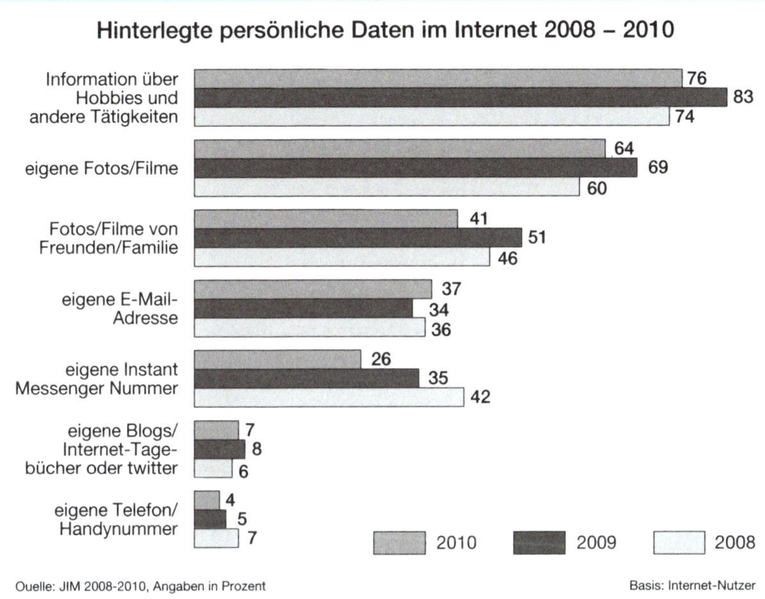

Zweiter Schritt: Die Materialien lesen und deren Inhalte erfassen

Jetzt liest du die Texte und die Grafik gründlich. Dazu gehört, dass du alle unbekannten Begriffe klärst.

▶ Lies dir die Texte durch und betrachte die Grafik genau.
- Kläre die Textstellen und Wörter, die dir unklar sind.
- Markiere Textstellen und Daten, die dir besonders wichtig erscheinen.

Dritter Schritt: Die Materialien untersuchen und auswerten, die Stellungnahme vorbereiten

In der ersten Aufgabe wird von dir verlangt, dass du die Kernaussagen der Materialien ermittelst und die Materialien miteinander vergleichst, um zu erarbeiten, wie die Grafik die Aussagen des Textes stützt.
In der folgenden Übersicht sind die wichtigsten Fragen zusammengestellt, die du bei der Analyse und bei dem Vergleich der Texte berücksichtigen musst. Allerdings hängt es von den Texten und von der Aufgabenstellung ab, ob es sinnvoll und notwendig ist, alle Fragen zu beantworten.

Materialien analysieren und vergleichen

Bereich	Fragestellung
Thema der Materialien	• Was ist das Thema in allen Materialien?
Text analysieren	• Was sind die wesentlichen Aussagen des Textes? • Welchen Bezug hat der Titel zum Text? • Welche Textsorte liegt vor? • Welche sprachlichen und stilistischen Figuren fallen auf? Welche Wirkung haben sie? • Sind die Texte sachlich oder wertend geschrieben? • Wird in dem Text argumentiert? • Welche Meinung vertritt der Autor? • Was will er erreichen? Welches Ziel verfolgt er?
Grafik analysieren	• Worum geht es in der Grafik? • Welchen Bezug hat der Titel zur Grafik? • Was für eine Art Grafik liegt vor (Säulendiagramm, Balkendiagramm, Kreisdiagramm …)? • Was für Zahlenangaben werden gemacht? Worauf beziehen sie sich? • Was wird miteinander verglichen? • Ermittle, welche Angaben die höchsten, welche die niedrigsten sind. • Was wird mit der Grafik ausgesagt?
Vergleich der Materialien	• Stelle die Gemeinsamkeiten fest. • Bestimme die Unterschiede. Sie können die Textsorte, den Aufbau, die Sprache, die Aussage, den Umfang, die Wirkung und die äußere Aufmachung (Grafik, zusammenhängender Text) betreffen.

▶ Erstelle auf einem DIN-A4-Blatt oder auf einer Karteikarte ein Schnittmengendiagramm, auf dem du die Inhalte der Materialien erfasst und miteinander vergleichst. Notiere in dem linken Kreis die wichtigsten Informationen aus M 1 und in dem rechten Kreis die wichtigsten Aussagen aus M 2. Vergleiche anschließend die Stichwörter in den Kreisen und notiere die gemeinsamen Ergebnisse in der Mitte (Schnittmenge).

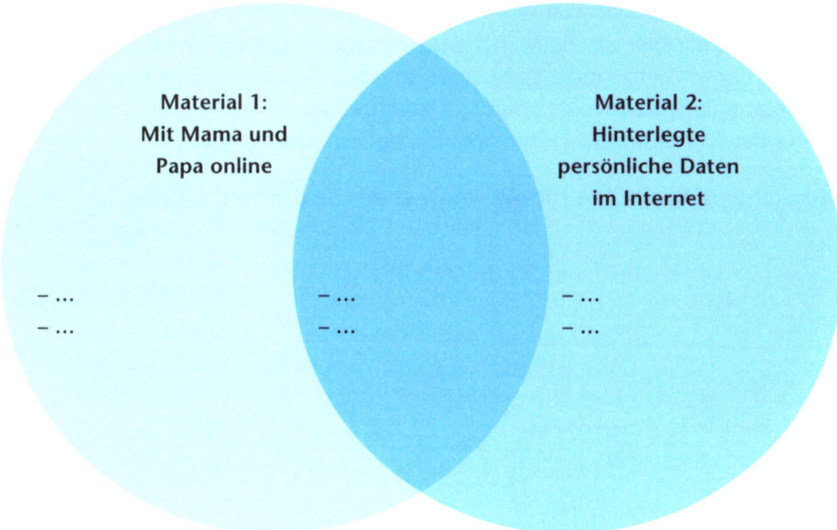

Stellung nehmen

Es wird in der zweiten Aufgabe von dir verlangt, dass du zu einer Aussage begründet Stellung nimmst. Die Beantwortung der folgenden Fragen hilft dir bei dieser Aufgabe.

Bereich	Fragestellung
Stellungnahme	• Welche Meinung habe ich von dem Thema und zu den Aussagen der Texte? • Welche Bedeutung besitzt das Thema in der Gegenwart? • Wie wirken die Materialien auf den heutigen Leser, wie wirken sie auf mich? • Welche Erfahrungen habe ich mit dem Thema gemacht?

▶ Führe eine Analyse der Materialien durch und notiere deine Ergebnisse.

Vierter Schritt: Einen Schreibplan anlegen

Ein Schreibplan hilft dir, deine aus den Materialien gewonnenen Ergebnisse zu ordnen, sinnvoll aufeinander zu beziehen und Schwerpunkte zu setzen. Jeder neue Gesichtspunkt sollte in einem eigenen Abschnitt dargestellt werden. Berücksichtige in der Gliederung die Schwerpunkte der Aufgabenstellung.

Möglicher Schreibplan für die Analyse des Textes und Grafik:

Schreibplan

Einleitung:
Vorstellung des Themas und der Materialien

Hauptteil:
Zusammenfassung der Materialien
- Inhalt des Textes
- Erläuterung wesentlicher Aussagen der Grafik
- Erläuterung: Wie stützt die Grafik den Text?

Schluss:
Stellungnahme zur Aussage

▶ Entwirf einen Schreibplan für deine Analyse der Materialien.

Fünfter Schritt: Die Ergebnisse des Vergleichs und die Stellungnahme aufschreiben

Nachdem du nun die Materialien analysiert und einen Schreibplan entworfen hast, schreibst du deinen Aufsatz. Dazu gehört Folgendes:
- Ausformulieren der Stichworte oder der Mindmap in ganzen Sätzen zu einem zusammenhängenden Text,
- Formulieren von Überleitungen zwischen den Textteilen,
- durch Satzverknüpfungswörter Sätze verbinden,
- durch sprachliche und stilistische Mittel den Text gestalten,
- durch die Verwendung von Fachbegriffen präzise schreiben,
- durch Zitate und Nennung von Daten wichtige Aussagen belegen.

▶ Setze deinen Schreibplan um.

Sechster Schritt: Den eigenen Text überarbeiten

Nachdem du deinen Aufsatz geschrieben hast, liest du dir deinen Text noch mal durch und korrigierst und verbesserst ihn. Dazu hilft dir folgende Checkliste:

CHECKLISTE

1. **Text inhaltlich überarbeiten:**
   - Habe ich die Aufgabenstellung genau beachtet?
   - Enthält die Einleitung die Informationen zu den Texten?
   - Wird das übergeordnete Thema der Materialien genannt?
   - Werden die wichtigsten Aussagen der Materialien wiedergegeben?
   - Wird meine eigene Haltung und Meinung zum Thema deutlich?
   - Habe ich mein Schreibziel erreicht?
   - Habe ich nichts vergessen?

   Vergleiche deinen Aufsatz mit deinen Auswertungen und deinem Schreibplan.

2. **Text sprachlich überarbeiten:**
   - Ist mein Text verständlich?
   - Sind meine Ausführungen logisch aufgebaut?
   - Habe ich jeden neuen Gedanken in einem eigenen Absatz dargestellt?
   - Habe ich Überflüssiges gestrichen?
   - Bin ich beim Thema geblieben?
   - Unterstützen meine Überleitungen den inneren Zusammenhang meines Textes?
   - Stimmen die Zitate und habe ich die Zitate in Anführungsstriche gesetzt und mit Zeilenangaben versehen?
   - Habe ich Satzverknüpfungswörter verwendet?
   - Ist mein Satzbau grammatisch richtig?
   - Sind Sprache und Wortwahl angemessen?
   - Passen meine ausgewählten sprachlichen und stilistischen Mittel zum Thema?
   - Schreibe ich durchweg sachlich?
   - Ist meine Stellungnahme begründet?

3. **Text rechtschriftlich überprüfen:**
   - Sind Rechtschreibung und Zeichensetzung korrekt?
   - Habe ich, wenn ich unsicher bin, die Wörter nachgeschlagen?

▶ Überarbeite deinen Text.

Analyse der Materialien zum Umgang mit persönlichen Daten im Internet

1. Der Umgang mit persönlichen Daten im Internet und besonders in sozialen Netzwerken ist ein Thema, das immer wieder in den Medien diskutiert wird. So beschäftigt sich der Zeitungsartikel „Mit Mama und Papa online" von Julia Böhme aus der Nordseezeitung, der am 7. März 2011 auch im Internet erschien, ebenso mit diesem Thema wie auch die Grafik „Hinterlegte persönliche Daten im Internet 2008–2010", die im Rahmen der Jim-Studie 2010 veröffentlicht wurde.

In dem Artikel wird darüber berichtet, wie eine Mutter, Marion Oswald, sich um das Auftreten ihres Sohnes Oliver in dem sozialen Netzwerk Facebook kümmert, ohne ihn aber dabei zu bevormunden. Die Mutter hat sich über die Tücken des Netzwerks informiert, sodass sie ihren Sohn vor möglichen Fehlern im Umgang mit seinen Daten schützen kann. Sie verlangt beispielsweise, dass er seine Handynummer nicht in seinem Profil veröffentlicht. Oliver selbst befolgt wichtige Regeln, um sich und seine Daten in Netzwerken wie Facebook und SchülerVZ zu schützen. So hat er eine Einstellung gewählt, die es nur seinen „Freunden" ermöglicht, seine Daten auf dem Profil zu sehen. Außerdem nimmt er nur Leute als Freunde in seine Liste auf, die er aus dem wirklichen Leben kennt. Des Weiteren verzichtet er darauf, peinliche Inhalte wie übertriebene Partybilder auf seinem Profil zu posten. Oliver ist sich darüber hinaus im Klaren, dass nicht alle Jugendlichen so bewusst mit ihren Daten im Internet umgehen wie er. Tatsächlich seien einige sehr freigiebig mit ihren Daten, meint er.

Mit diesem Thema beschäftigt sich auch das Balkendiagramm „Hinterlegte persönliche Daten im Internet 2008–2010". Es gibt für einen Zeitraum von drei Jahren in Prozent an, welche Daten jeweils von den Jugendlichen im Internet veröffentlicht wurden. An der Spitze stehen für den gesamten Zeitraum Angaben über Hobbys und andere Tätigkeiten, gefolgt von eigenen Fotos und Filmen sowie Fotos und Filme von anderen, der E-Mail-Adresse, der Instant-Messenger-Nummer und am Ende der Handy-Nummer. Dabei fällt auf, dass die Angabe der Handy-Nummer (von 7 % in 2008 bis 4 % in 2010) und der Instant-Messenger-Nummer (von 42 % in 2008 bis 26 % in 2010) stetig abgenommen haben, während die übrigen Daten insgesamt einen leichten Zuwachs verzeichnen. Nach 2009 ist aber ein Rückgang bei der Veröffentlichung von eigenen Fotos und Filmen, den Fotos und Filmen anderer und den Angaben zu den Hobbys zu verzeichnen.

Vor allem im Hinblick auf die Veröffentlichung der Handy-Nummer bestätigt die Grafik die Aussagen in dem Artikel. So sind fast alle Jugendliche zurückhaltend, was die Angabe ihrer Handy-Nummer angeht und auch Oliver hat nach einer Diskussion mit seinen Eltern wohl eingesehen, dass er besser seine Nummer nicht postet, um keine Anrufe von Unbekannten zu bekommen. Dass aber alle Jugendlichen so vorsichtig und behutsam mit ihren Daten umgehen wie Oliver, lässt sich aus der Grafik nicht erschließen. Es ist nur die Tendenz zu erkennen, weniger über sich und andere preiszugeben. Dennoch geben weiterhin ungefähr dreiviertel aller Jugendlichen im Internet ihre Hobbys an und etwa ein Drittel veröffentlichen Fotos von sich.

2. Sowohl der Text als auch die Grafik verdeutlichen meines Erachtens, dass die Aussage, Jugendliche gehen bewusst mit Daten in sozialen Netzwerken um, nicht in allen Bereichen bestätigt werden kann. Das Beispiel Olivers zeigt, dass bei ihm zwar ein Bewusstsein da ist, seine Daten schützen zu müssen. Er zeigt dies, indem er sein Profil nur seinen Freunden zugänglich macht und nur die Personen als Freunde annimmt, die er auch wirklich kennt. Sein Umgang mit der Handy-Nummer verdeutlicht aber auch, dass ihm noch nicht in allen Punkten klar ist, wie wichtig es ist, seine Daten zu schützen.

Dass immer weniger Jugendliche ihre Handy-Nummer und Instant-Messenger-Nummer veröffentlichen, deutet an, dass diese doch sehr persönlichen Daten auch nur noch persönlich weitergeben werden und sie sich so vor ungewollten Anmachen schützen. Indes geben immer noch sehr viele ihre Hobbys preis und veröffentlichen Fotos von sich und anderen. Die Selbstdarstellung wird weiterhin wichtiger genommen als der Datenschutz. Allerdings sagen die Angaben in der Grafik nicht aus, wer diese Informationen und Fotos sehen kann, da keine Aussagen gemacht werden, wie viele Jugendliche ihr Profil auf „privat" gestellt haben und damit verhindern, dass jemand anderes als ihre Freunde die Fotos sehen und Informationen über sie erhalten kann.

Man kann also die Tendenz zu einem bewussteren Umgang mit persönlichen Daten erkennen, aber auch nicht mehr. Weiterhin stellen noch sehr viele Jugendliche persönliche Informationen und Fotos ins Netz, die sicher nicht alle für die Allgemeinheit bestimmt sind.

Ich habe mein Profil auf privat gestellt und erzähle dort auch einiges über mich. Ich habe auch einige Fotos gepostet. Allerdings achte ich wie Oliver darauf, keine zu persönlichen oder peinlichen Dinge zu veröffentlichen. Das gehört wirklich nicht ins Netz, denn wer weiß, wer wirklich mitliest.

▶ Untersuche, wie die einzelnen Abschnitte des Schreibplans in dem Aufsatz umgesetzt werden.

▶ Wie man die Materialien analysiert und beurteilt, hängt natürlich vom jeweiligen Schreiber des Aufsatzes ab. Vergleiche deinen Aufsatz mit dem obigen Text. Stelle Gemeinsamkeiten und Unterschiede fest.

Selbstbeurteilungsbogen

▶ Der folgende Selbstbeurteilungsbogen hilft dir, Gelungenes und Fehler in deiner Analyse der Materialien zu erkennen. Gehe den Bogen Schritt für Schritt durch. In der rechten Spalte findest du Hinweise für die Nachbearbeitung.

Frage	Ja	Nein	Das könnte ich noch tun …
Habe ich die Aufgabenstellung berücksichtigt?			• Markiere die Arbeitsaufträge und formuliere sie mit eigenen Worten.
Habe ich die Operatoren richtig verstanden?			• Schlage die Bedeutung der Operatoren nach.
Habe ich die Materialien mit der Sechs-Schritt-Lesemethode erschlossen?			• Wiederhole die Sechs-Schritt-Lesemethode. • Prüfe, ob du einen Schritt vergessen hast.
Habe ich eine passende Einleitung geschrieben?			• Nenne in deiner Einleitung Autor, Titel, Textsorte und Erscheinungsort. • Weise in deiner Einleitung auf das Thema hin.
Habe ich den Inhalt des Textes und der Grafik richtig zusammengefasst?			• Formuliere in einem Satz, worum es in den Texten geht. • Markiere oder notiere die Aussagen und Daten, die für das Thema wichtig sind. Streiche Überflüssiges weg. • Schreibe deine Zusammenfassung im Präsens. • Schreibe direkte Rede in indirekte Rede um. Verwende dabei den Konjunktiv oder dass-Sätze. • Wiederhole die Arbeitstechniken Inhalte zusammenfassen und Grafiken analysieren.
Habe ich die Materialien miteinander verglichen?			• Untersuche Inhalt, Sprache, Aufbau, Wirkung und Gestaltung der Materialien. • Was sagen die Materialien gemeinsam aus? Worin unterscheiden sie sich? • Welcher Zusammenhang besteht zwischen den Materialien? • Was für Textsorten liegen vor?
Habe ich meinen Aufsatz strukturiert?			• Gliedere deinen Text nach Argumenten. • Gliedere deinen Text in Absätze.

Frage	Ja	Nein	Das könnte ich noch tun …
Habe ich beschreibende und wertende Textteile aufeinander bezogen?			• Dein Text sollte verständlich sein, auch wenn man die Ausgangstexte nicht vorliegen hat. Stelle daher immer zunächst dar, was du beurteilst. • Wenn du etwas beschreibst, dann vergiss nicht, das Beschriebene zu deuten. • Prüfe, ob du deine Meinung belegt hast. • Nutze Satzverknüpfungswörter und mache so deutlich, wie sich deine Textteile und Sätze aufeinander beziehen.
Habe ich mich präzise, genau und abwechslungsreich ausgedrückt?			• Überprüfe den Text auf unnötige Wortwiederholungen. • Kannst du wiederholt auftretende Wörter durch ähnliche ersetzen? Formuliere genau und verbessere deine Texte durch Umstell- und Ersatzprobe. • Welche Stilmittel kannst du einsetzen?
Habe ich die Sätze richtig, angemessen und abwechslungsreich formuliert?			• Ist jeder Satz vollständig? • Sind die Sätze übersichtlich gebaut und nicht verschachtelt? • Beginnen die Sätze mit verschiedenen Satzgliedern? Führe die Umstellprobe durch.
Habe ich verständlich geschrieben?			• Lies deinen Text aus der Perspektive deiner Mitschüler oder eines möglichen Adressaten.
Habe ich richtig zitiert?			• Setze deine Zitate in Anführungszeichen. • Kennzeichne ausgelassene Stellen (…). • Gib nach dem Zitat die entsprechende Zeile in Klammern an *(Z. 35)*.
Habe ich eine begründete Einschätzung und Beurteilung der Materialien vorgenommen?			• Welchen Aussagen stimmst du aus deiner Erfahrung eher zu, welche teilst du nicht? • Überlege, wie du zu dem Thema stehst. • Vergiss nicht, deine Meinung zu begründen.

2.4 Einen informativen Sachtext verfassen und Stellung nehmen

Um einen informativen Sachtext zu einem bestimmten Thema zu schreiben, wertest du Materialien zu diesem Bereich aus. Deine Aufgabe besteht zunächst darin, festzustellen, wer die Autoren sind, an wen sich die Texte richten, welches Ziel die Autoren verfolgen, um dann prüfen zu können, welche Informationen du für dein Thema tatsächlich verwenden kannst. Anschließend schreibst du auf der Grundlage dieser Vorarbeiten einen informativen Text. Dazu gehört, dass du überlegst, welche Informationen für deinen Adressaten von Bedeutung sind. Die Auswahl der Materialien und die Gestaltung deines Textes begründest du abschließend. Worauf du beim Schreiben des Textes achten musst, wird dir im Folgenden an einem Beispiel mit Aufgabenstellung erläutert. Der Verlauf der Arbeit umfasst sechs Schritte:

1. Sich über die Aufgabenstellung und die Materialien orientieren
2. Die Materialien lesen und ihre Inhalte erfassen
3. Die Materialien untersuchen und auswerten, den Text vorbereiten
4. Einen Schreibplan anlegen
5. Einen Informationstext verfassen und das eigene Vorgehen durch eine Stellungnahme begründen
6. Den eigenen Informationstext und die Stellungnahme überarbeiten

Erster Schritt: Sich über die Aufgabenstellung und die Materialien orientieren

Zunächst solltest du dich mit der Aufgabenstellung vertraut machen. Sie gibt an, welches Thema du in deinem Informationstext darstellen sollst und an wen sich der Text richtet.

Aufgabenstellung:

1 Verfasse einen Informationstext für die Schülerzeitung, in dem du darstellst, welche Aussagen über gesunde Ernährung in den Materialien gemacht werden. Gehe so vor:
   a) Untersuche die Materialien und fasse zusammen, was du über gesunde Ernährung erfährst.
   b) Gib in deinem Text die Materialien an, die du benutzt hast.
   c) Beachte in deinem Text den Adressaten.

2 Nimm Stellung zu deiner Auswahl der Informationen und deiner Gestaltung des Textes.

- In der Aufgabenstellung sind die Operatoren (Anweisungen) unterstrichen. Schlage sie nach, um die Aufgaben richtig lösen zu können.
- Verschaffe dir einen ersten Überblick, worum es in den Materialien geht. Lies die Überschriften und überfliege die Texte.

Material 1: „Ernährung muss einfach sein“ (2009)

netzathleten: Wie sollte sich ein Triathlet ernähren?

Mark Warnecke: Egal ob Breiten- oder Spitzensportler, die richtige Sportler-Ernährung sieht für alle gleich aus, nämlich möglichst ausgewogen. Damit ist eine ausreichende Nährstoffversorgung sichergestellt. Manchmal sollte man auch ruhig mal zählen, wie viele Kalorien man tatsächlich zu sich nimmt, um das eigene Ernährungsverhalten besser einschätzen zu können. Anfänger essen häufig sogar zu wenig.

netzathleten: Wie sieht eine ausgewogene Ernährung aus?

Mark Warnecke: Ausgewogen heißt, dass man mit den täglichen Mahlzeiten möglichst alle Nährstoffe in einem ausgewogenen Verhältnis aufnimmt. Der Körper braucht Kohlenhydrate und Fette als Energielieferanten und Proteine als Baumaterial für die Muskulatur. Außerdem braucht ein Sportler ausreichend Vitamine und Mineralien, um voll leistungsfähig zu sein. Soweit die Theorie. Viele Ernährungsmodelle sind zu kompliziert.
Ernährung muss einfach sein. Deswegen bin ich ein Fan von Gefühl, denn unser Körper ist ein sensibles Messinstrument. Ich kann fühlen, ob ich mich gut ernähre. Ein ausgewogener Mix besteht aus Vollkornprodukten, Reis, Fleisch, Fisch, Milchprodukten, sowie frischem Obst und vor allem Gemüse. Wenn jede Woche von allem etwas auf den Tisch kommt, ernährt man sich schon ganz gesund. Auf Fertigprodukte sollte man weitgehend verzichten, weil darin meist zu viel Zucker, Konservierungsstoffe, Geschmacksverstärker und vieles mehr enthalten ist. Besser ist es, frische oder unbehandelte Lebensmittel zu kaufen und diese selber zuzubereiten.
Als Ersatz für frisch geerntetes Gemüse gibt es aber heutzutage auch sehr gute Tiefkühlprodukte, die ohne Saucen und Geschmacksverstärker als Reserve gut zu lagern sind.

netzathleten: Wie wichtig sind Kohlenhydrate für Triathleten?

Mark Warnecke: Grundsätzlich sind Kohlenhydrate wichtig, da sie schnell Energie liefern. Ohne Kohlenhydrate läuft im Stoffwechsel nicht viel. Dennoch sollte man sich nicht zu kohlenhydratreich ernähren.

Das Interview führte Jörg Birkel, http://www.netzathleten.de/Sportmagazin/Sportler-Ernaehrung/Ernaehrung-muss-einfach-sein-Interview-mit-Mark-Warnecke/471784569306101173/head, 23.09.2009

Material 2: 10 Ernährungstipps für künftige Topmodels (2011)

Dr. Christian Matthai, Ernährungsmediziner und Lifestylecoach hat das Team des Elite Model Look vor einiger Zeit im Pressebüro besucht und sprach mit uns über die optimale Ernährung für Mädchen die als Models arbeiten wollen.

1. Entsorge alle fettreichen Lebensmittel aus Deinem Haushalt! Wenn Du nicht zu der Minderheit gehörst, die beim Essen sehr diszipliniert ist, dann sorge dafür, dass Du zu Hause keinerlei Verlockungen ausgesetzt bist. Käse, sämtliches Knabbergebäck (z. B. Nüsse, Chips), Butter, Mayonnaise, Crème fraîche, Schlagobers, Sauerrahm, fette Fleisch- und Wurstwaren (z. B. Leberwurst) sind ein absolutes „no go“. Aufpassen: Olivenöl ist zwar gesund, aber auch sehr fett. Also bitte sparsam damit umgehen.
2. Gehe niemals hungrig einkaufen! Es landen sonst viele Lebensmittel im Einkaufswagen, die da nichts verloren haben!
3. Stell Dir in jede Ecke Deiner Wohnung bzw. Deines Arbeitsplatzes eine Wasserflasche. Trinke mindestens 3 Liter Wasser am Tag. Das füllt den Magen und nimmt Dir für eine gewisse Zeit das Hungergefühl. Deine Nieren und Deine Haut werden es zusätzlich dankbar annehmen.
4. Überschätze Deinen Energiegrundumsatz nicht! Viele Menschen sind irrtümlicherweise der Meinung täglich große Mengen an Essen zu benötigen. Wenn Du Leistungssportler bist oder Dich bei Deiner Arbeit schwer körperlich betätigen musst, hast Du recht. Sonst nicht!
5. Meide Zwischenmahlzeiten! Snacks zwischendurch bleiben uns über den Tag verteilt oft nicht in Erinnerung und werden ebenso wenig in die täglich verzehrte Menge von Lebensmitteln einberechnet. Auch gesunde Snacks wie z. B. Trockenfrüchte haben viele Kalorien! Außerdem kommt es durch die Zwischenmahlzeiten immer wieder zu einem Blutzuckeranstieg und der damit verbundenen Insulinausschüttung. Dies stört uns beim Abnehmen.
6. Streiche alle zuckerhaltigen Getränke aus Deinem Speiseplan. Sie bedeuten nur leere Kalorien.
7. Frühstücke regelmäßig. Es gibt Studien, die belegen, dass Menschen, die frühstücken, seltener an Übergewicht leiden.
8. Iss bewusst und kaue langsam. Damit gibst Du Deinem Körper die Chance Dir zu signalisieren wann Du satt bist und was Du da auch wirklich gegessen hast.
9. Verzichte auf Kohlenhydrate (Honig, Süßwaren, Früchte, Zucker, Milch, Energiedrinks, Kartoffel, Brot, Getreide, Obst, etc.) nach 17:00 Uhr. Ist der Blutzuckerspiegel in den späten Abend- und Nachtstunden niedrig, kommt es

zu einer gesteigerten Ausschüttung des Wachstumshormons, welches für die Fett- und Muskelverteilung in unserem Körper verantwortlich ist. Zusätzlich bleibt der Insulinspiegel niedrig. Damit erreichst Du die ideale Hormonkonstellation um abzunehmen.

10. Mache Gemüse zu Deinem Freund! Niemand muss hungern um abzunehmen! Du musst nur die richtige Wahl treffen. Stell Dir einen grünen großen Kopf Brokkoli vor und daneben 3 Stück Schokolade. Beide haben etwa gleich viele Kalorien! Der Brokkoli würde dich mehr als satt machen, die Schokolade nicht!

http://www.elitemodellookaustria.com/?p=205e, 16.03.2011

Material 3: Die Ernährungspyramide

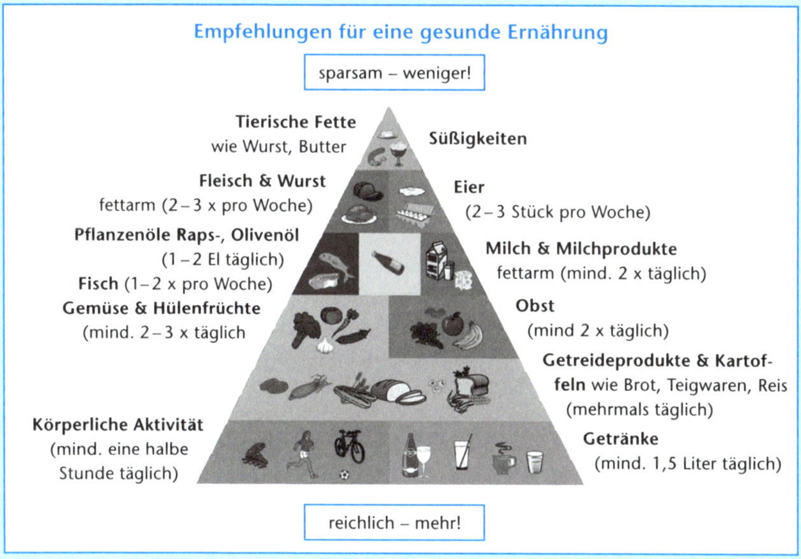

Zweiter Schritt: Die Materialien lesen und deren Inhalte erfassen

Jetzt untersuchst du die Materialien gründlich. Dazu gehört, dass du alle unbekannten Begriffe klärst.

- Lies dir die Texte durch und betrachte die Grafik.
  - Kläre die Textstellen und Wörter, die dir unklar sind.
  - Markiere Textstellen und Daten, die dir besonders wichtig erscheinen.
  - Streiche Textstellen und Daten durch, die du nicht verwenden wirst.

Dritter Schritt: Die Materialien untersuchen und auswerten

In der ersten Aufgabe wird von dir verlangt, dass du die Materialien untersuchst und ihre Inhalte thematisch auswertest. In der folgenden Übersicht sind die wichtigsten Fragen zusammengestellt, die du dabei berücksichtigen musst. Ob es sinnvoll ist, alle Fragen zu beantworten, hängt von den Texten und von der Aufgabenstellung ab.

Materialien kritisch untersuchen und auswerten

Bereich	Fragestellung
Autor, Thema und Adressat der Materialien ermitteln	• Wer hat das Material erstellt? • Was ist das Thema der Texte bzw. der Grafik? • An wen richtet sich das Material?
Text analysieren	• Was sind die wesentlichen Aussagen des Textes? • Welchen Bezug hat der Titel zum Text? • Welche Textsorte liegt vor? • Sind die Texte sachlich oder wertend geschrieben? Wird in dem Text argumentiert? • Welche Meinung vertritt der Autor? Welches Ziel verfolgt er?
Grafik analysieren	• Was sind die wesentlichen Aussagen der Grafik? • Welchen Bezug hat der Titel zur Grafik? • Welche Art vom Grafik liegt vor (Säulendiagramm, Balkendiagramm, Kreisdiagramm …)? Welche Art von Angaben werden gemacht? Worauf beziehen sie sich? • Welches Ziel wird mit der Grafik verfolgt?
Materialien vergleichen und auswerten	• Stelle die gemeinsamen Aussagen fest. • Ermittle die inhaltlichen Unterschiede. • Lege fest, welche Aussagen für deine Fragestellung/dein Thema und deinen Adressaten von Bedeutung sind.

▶ Notiere in einer Tabelle die Ergebnisse deiner Auswertung der Materialien (siehe Seite 83). Orientiere dich an der Aufgabenstellung, um die Spalten der Tabelle zu befüllen.

Auswertung der Materialien zum Thema Ernährung

Bereich	Adressat	Aussagen zur gesunden Ernährung	Eigene Anmerkungen
Ernährung muss einfach sein			
10 Ernährungstipps für künftige Topmodels			
Ernährungspyramide			

Vierter Schritt: Einen Schreibplan anlegen

Ein Schreibplan hilft dir, deine aus den Materialien gewonnenen Ergebnisse zu ordnen, sinnvoll aufeinander zu beziehen und Schwerpunkte zu setzen. Jeder neue Gesichtspunkt sollte in einem eigenen Abschnitt dargestellt werden.

Möglicher Schreibplan für einen Informationstext

Schreibplan

Einleitung:
- Vorstellung des Themas und Nennung der Materialien

Hauptteil:
- Darstellung wesentlicher Aussagen über gesunde Ernährung in Material 1
- Darstellung wesentlicher Aussagen über gesunde Ernährung in Material 2
- Darstellung wesentlicher Aussagen über gesunde Ernährung in Material 3

Schluss:
- kurze Zusammenfassung der Gemeinsamkeiten

▶ Entwirf einen Schreibplan für deinen Informationstext.

Die Inhalte und die Gestaltung des eigenen Textes begründen

In der zweiten Aufgabe wird von dir verlangt, dass du Stellung nimmst zu deiner inhaltlichen Auswahl für den Informationstext und zur Gestaltung deines Textes. Du zeigst so, wie du in Bezug auf die Fragestellung und deinen Adressaten die Materialien bearbeitet und dargestellt hast. Beantworte bei deiner Stellungnahme folgende Fragen:

- Wie hilfreich sind die Materialien für das Schreiben des Informationstextes gewesen?
- Warum sind die von dir ausgewählten Informationen von Bedeutung für deinen Adressaten?
- Warum hast du einige Informationen nicht aufgenommen?
- Welches Ziel wolltest du mit deinem Text erreichen?
- Wie hast du die Informationen dargestellt? Welche sprachlichen Mittel hast du verwendet?
- Was wolltest du mit dieser Darstellung erreichen?

▶ Überlege, welche Aspekte du in der Stellungnahme zu deinem Informationstext besonders hervorheben willst.

Fünfter Schritt: Den Informationstext und die Stellungnahme schreiben

Nachdem du nun die Materialien untersucht, einen Schreibplan entworfen und deine Stellungnahme vorbereitet hast, schreibst du deinen Aufsatz. Dazu gehört Folgendes:

- Ausformulieren der Stichworte zu den Materialien und in der Tabelle in ganzen Sätzen zu einem zusammenhängenden Text,
- Formulieren von Überleitungen zwischen den Textteilen,
- durch Satzverknüpfungswörter Sätze verbinden,
- durch sprachliche und stilistische Mittel den Text gestalten,
- durch die Verwendung von Fachbegriffen präzise schreiben,
- durch Zitate und Nennung von Daten wichtige Aussagen belegen.
- Formulieren der Stellungnahme.

▶ Setze deinen Schreibplan um und verfasse einen Informationstext und dazu eine Stellungnahme.

Sechster Schritt: Den eigenen Text überarbeiten

Nachdem du den Informationstext und deine Stellungnahme geschrieben hast, liest du dir deinen Text noch mal durch, korrigierst und verbesserst ihn. Die folgende Checkliste hilft dir:

CHECKLISTE

1. **Informationstext inhaltlich überarbeiten:**
   - Habe ich die Aufgabenstellung genau beachtet?
   - Enthält die Einleitung das Thema und die Informationen zu den Materialien?
   - Werden die wichtigsten Informationen für meinen Adressaten zum Thema dargestellt?
   - Habe ich mein Schreibziel erreicht?
   - Habe ich nichts vergessen?

   Vergleiche deinen Aufsatz mit deinen Auswertungen und deinem Schreibplan.
2. **Stellungnahme inhaltlich überarbeiten:**
   - Habe ich die Auswahl der Informationen im Hinblick auf meinen Adressaten begründet?
   - Habe ich die Gestaltung und die sprachlichen Mittel meines Textes erläutert?
3. **Text sprachlich überarbeiten:**
   - Sind meine Texte verständlich?
   - Sind meine Ausführungen logisch aufgebaut?
   - Habe ich jeden neuen Gedanken in einem eigenen Absatz dargestellt?
   - Habe ich Überflüssiges gestrichen?
   - Bin ich beim Thema geblieben?
   - Unterstützen meine Überleitungen den inneren Zusammenhang meines Textes?
   - Stimmen die Zitate und habe ich die Zitate in Anführungsstriche gesetzt und mit Zeilenangaben versehen?
   - Habe ich Satzverknüpfungswörter verwendet?
   - Ist mein Satzbau grammatisch richtig?
   - Sind Sprache und Wortwahl angemessen?
   - Passen meine sprachlichen Mittel zum Thema?
   - Schreibe ich durchweg sachlich?
   - Ist meine Stellungnahme begründet?
4. **Texte rechtschriftlich überprüfen:**
   - Sind Rechtschreibung und Zeichensetzung korrekt?
   - Habe ich, wenn ich unsicher bin, die Wörter nachgeschlagen?

Informationstext für eine Schülerzeitung zum Thema „Gesunde Ernährung" mit anschließender Stellungnahme zu Inhalt und Gestaltung des Textes

1. Magermodels, Muskelprotze, Moppelige haben eines gemeinsam: eine besondere Art sich zu ernähren, die wir uns aber sicher nicht unbedingt zum Vorbild nehmen sollten. Nichtsdestoweniger gibt es auch an unserer Schule eine Menge Sportler, die täglich trainieren, Mädchen, die für den Laufsteg üben, und leider auch ein paar Schüler, die mit ihrem Übergewicht kämpfen. Für sie, aber auch für alle anderen Schüler stellt sich die Frage: Was sollen wir essen? Wie können wir uns gesund ernähren?

Auf diese Fragen gibt es unterschiedliche Antworten. Um ein möglichst breites Spektrum abzudecken, stütze ich mich erstens auf ein Interview mit dem Triathleten Mark Warnecke, das unter dem Titel „Ernährung muss einfach sein" im Jahr 2009 auf der Homepage des Sportlermagazins „Netzathleten" erschien und sich vor allem an Sportler wendet, zweitens auf die „10 Ernährungstipps für künftige Topmodels", die der Arzt Dr. Christian Matthai für die Internetseite http://www.elitemodellookaustria.com 2011 zusammenstellte und die für Mädchen und junge Frauen geschrieben wurden, die vielleicht modeln wollen und drittens auf eine Ernährungspyramide, die für alle gedacht ist, sie sich für eine gesunde Ernährung interessieren.

Unabhängig davon, ob man zu dick ist, Sportler ist oder die Figur eines Models haben möchte, die Ernährung sollte ausgewogen sein und deshalb muss man viele unterschiedliche Lebensmittel zu sich nehmen. Für Mark Warnecke bedeutet dies, dass er jeden Tag Vitamine, Kohlenhydrate, Fette und Mineralien isst, um als Sportler fit zu bleiben. Außerdem achtet er darauf, dass er jede Woche einen Mix aus Vollkornprodukten, Reis, Fleisch, Fisch, Milchprodukten, Obst und Gemüse isst. Warnecke vertraut auf seinen Körper und darauf, dass sein Körper ihm mitteilt, was er essen müsse, damit ihm nichts fehlt. Wer aber nicht nur auf seine innere Stimme hören möchte, kann sich an der Ernährungspyramide orientieren. Dort wird nämlich aufgeschlüsselt, was wir wie oft essen sollen. Um sich gesund zu ernähren, sollten wir vor allem viel Wasser und Tee trinken, dann Gemüse, Getreideprodukte und auch Beilagen wie Reis, Nudeln und Kartoffeln zu uns nehmen und Salat, Hülsenfrüchte und Obst essen. Sparsamer sollten wir mit Milch- und Fleischprodukten umgehen und ganz selten nur fettige Speisen und Süßigkeiten essen.

Dass man viel trinken soll, rät auch der Arzt Christian Matthai zukünftigen Topmodels. Drei Liter am Tag empfiehlt er. Im Unterschied zu der Ernährungspyramide und auch zum Leistungssportler streicht er aber fettige Nahrung ganz vom Speiseplan und auch die Einnahme von Kohlenhydraten schränkt er ein.

Obwohl die Texte sich an ganz unterschiedliche Leser richten, so fällt doch auf, dass sie sich in einigen Punkten einig sind, die auch für uns wichtig sind, unabhängig davon, ob man abnehmen will, ein Model werden möchte oder viel Sport treibt: Um sich gesund zu ernähren, müssen wir viel Wasser trinken. Des Weiteren stimmen alle darin überein, dass wir viel Gemüse und Obst essen sollen. Kohlenhydrate in Form von Fleisch, Kartoffeln oder Brot sind zwar unverzichtbar für den Körper, jedoch sollten wir darauf achten, wie viel man wirklich braucht und sie nicht zu unserem Hauptbestandteil der Nahrung machen. Nur selten sollte man Fettiges wie Chips oder Schokolade essen oder Cola trinken. Doch darauf zu verzichten, wird den meisten von uns wohl sehr schwer fallen.

2. In meinem Artikel für die Schülerzeitung geht es mir vor allem darum, die wichtigsten Informationen aus den Materialien über gesunde Ernährung darzustellen. Dazu gehört für mich, dass ich erläutere, welche Lebensmittel man vor allem essen und trinken soll und worauf man besser verzichtet.

Die Materialien richten sich an sehr unterschiedliche Personen: Models, Leistungssportler und Menschen, die allgemein an gesunder Ernährung interessiert sind. Ein ähnlich breites Spektrum an Adressaten habe ich aber auch bei der Schülerzeitung. Um alle anzusprechen, habe ich einerseits genau erklärt, an wen sich die Materialien richten und andererseits am Schluss meines Artikels die identischen Aussagen der Materialien noch mal wiedergegeben.

Dabei habe ich bewusst die Tipps und Tricks des Doktor Christian Matthai bezogen auf das Einkaufen, Kauen oder die Uhrzeit, wann man essen soll, nicht berücksichtigt, weil sie meiner Ansicht nach nicht zur Ernährung gehören, sondern allenfalls das Abnehmen betreffen. Auch bin ich mir nicht sicher, wie wirksam sie sind oder man sich durch sie nicht selbst täuscht.

Um den Artikel interessant zu gestalten, habe ich den Anfang mit der Alliteration gewählt: „Magermodels, Muskelprotze, Moppelige“. Ich hoffe, dass ich so neugierig auf den weiteren Text gemacht habe. Damit mein Artikel glaubwürdig ist, habe ich die Quellen genau angegeben. Es war mir auch wichtig, dass jeder nachvollziehen kann, auf welches Material ich mich beziehe. Deshalb bin ich auf jeden Text einzeln eingegangen. Damit ich aber zu einem Ergebnis komme, mit dem alle etwas anfangen können, habe ich am Ende meines Artikels noch einmal die wichtigsten gemeinsamen Aussagen der Materialien zusammengefasst.

Schließlich habe ich noch darauf geachtet, dass ich mich nicht in Aufzählungen verliere, denn die Nennung unzähliger Lebensmittel, die man essen soll oder nicht, wirkt schnell langweilig. Ich habe mich deshalb auf Oberbegriffe beschränkt. Insgesamt war es mein Ziel, mit dem Text wichtige Informationen über gesunde Ernährung zu vermitteln. Dabei habe ich die Hoffnung, dass einige Leser über ihr Ernährungsverhalten nachdenken und es vielleicht sogar ändern.

- Wie wurden die einzelnen Abschnitte des Schreibplans umgesetzt?
- Wie man einen Informationstext zum Thema gesunde Ernährung schreibt und anschließend seine Inhalte und die Gestaltung begründet, hängt vom jeweiligen Schreiber ab. Vergleiche deinen Aufsatz mit dem obigen Text. Stelle Gemeinsamkeiten und Unterschiede fest.

Selbstbeurteilungsbogen

Der folgende Selbstbeurteilungsbogen hilft dir, Gelungenes und Fehler in deinem Text zu erkennen. Gehe den Bogen Schritt für Schritt durch. In der rechten Spalte findest du Hinweise für die Nachbearbeitung.

Frage	Ja	Nein	Das könnte ich noch tun …
Habe ich die Aufgabenstellung berücksichtigt?			• Markiere die Arbeitsaufträge und formuliere sie mit eigenen Worten.
Habe ich die Operatoren richtig verstanden?			• Schlage die Bedeutung der Operatoren nach.
Habe ich die Materialien mit der Sechs-Schritt-Lesemethode erschlossen?			• Wiederhole die Sechs-Schritt-Lesemethode. • Prüfe, ob du einen wichtigen Schritt vergessen hast.
Habe ich eine passende Einleitung geschrieben?			• Weise auf das Thema hin. • Nenne in deiner Einleitung die Materialien (Autor, Titel, Thema, Textsorte, Ort).
Habe ich den Inhalt der Texte und der Grafik bezogen auf mein Thema richtig erarbeitet?			• Formuliere in einem Satz, worum es in den Materialien geht. • Untersuche Inhalt, Sprache, Aufbau, Wirkung und Gestaltung der Materialien. • Was sagen die Materialien gemeinsam aus? Worin unterscheiden sie sich? • Markiere oder notiere die Aussagen und Daten, die für das Thema wichtig sind. Streiche Überflüssiges weg. • Schreibe die Zusammenfassung im Präsens. • Verwandle direkte Rede in indirekte Rede. Verwende den Konjunktiv oder dass-Sätze. • Wiederhole die Arbeitstechniken Inhalte zusammenfassen und Grafiken analysieren.

Frage	Ja	Nein	Das könnte ich noch tun …
Habe ich meinen Aufsatz strukturiert?			• Gliedere deinen Text nach inhaltlichen Aspekten. • Gliedere deinen Text in Absätze.
Habe ich mich präzise, genau und abwechslungsreich ausgedrückt?			• Überprüfe den Text auf unnötige Wortwiederholungen. • Kannst du wiederholt auftretende Wörter durch ähnliche ersetzen? Formuliere genau und verbessere deine Texte durch Umstell- und Ersatzprobe. • Welche Stilmittel kannst du einsetzen?
Habe ich die Sätze richtig, angemessen und abwechslungsreich formuliert?			• Ist jeder Satz vollständig? • Sind die Sätze übersichtlich gebaut und nicht verschachtelt? • Beginnen die Sätze mit verschiedenen Satzgliedern? Führe die Umstellprobe durch.
Habe ich meinen Adressaten beachtet? Habe ich verständlich geschrieben?			• Mache dir bewusst, wer deinen Text lesen soll und welche Interessen dein Adressat an dem Thema hat. • Lies deinen Text aus der Perspektive deiner Mitschüler oder eines möglichen Adressaten.
Habe ich richtig zitiert?			• Setze deine Zitate in Anführungszeichen. • Kennzeichne ausgelassene Stellen (...). • Gib nach dem Zitat die Zeile an *(Z. 35)*.
Habe ich eine begründete Stellungnahme der Inhalte und der Gestaltung meines Textes vorgenommen?			• Überlege, nach welchen inhaltlichen Gesichtspunkten du deinen Text geschrieben hast. • Unterscheide und trenne bei deiner Stellungnahme inhaltliche und gestalterisch-sprachliche Aspekte. • Achte darauf, deine Entscheidungen mithilfe der Materialien und in Bezug auf deinen Adressaten zu begründen.

Teil II: Basiswissen

1 Arbeitstechniken

1.1 Sich auf Prüfungen vorbereiten

Jede Prüfung bedeutet Stress und Aufregung. Daher solltest du dich rechtzeitig darauf vorbereiten. Beachte folgende Tipps:

Lege dir einen Zeitplan an

Erstelle am besten zu Beginn des Schuljahres eine Übersicht, in die du alle Klassenarbeiten und Prüfungstermine einträgst. Auf diese Weise teilst du dir die Zeit ein und kannst das Lernen planen. Notiere, wann die Prüfung stattfindet, in welchem Bereich bzw. Fach du geprüft wirst, worum es geht und welches Material du zur Vorbereitung, zum Üben und natürlich für die Prüfung brauchst.

Zeitpunkt	Fach/Bereich	Thema	Arbeitsmittel

Lege dir ein Portfolio an

Für ein Portfolio benötigst du einen Ordner (oder eine Mappe), in dem du über einen längeren Zeitraum zu einem Thema Arbeitsergebnisse sammelst. Du wählst selbst die Texte aus, die du in dein Portfolio legen willst: ausgewählte Hausaufgaben, Aufsätze, Aufzeichnungen aus dem Unterricht, Tafelbilder, eigene Geschichten und Gedichte, Lernprotokolle, Kommentare, Ideen und weiteres Material zum Thema.

Wichtig ist, dass du das gesammelte Material untersuchst: Du kannst dann über deine Lernergebnisse und Lernstrategien nachdenken und erfährst auf diese Weise, welche Fortschritte du beim Lernen gemacht hast und was du noch üben musst. Mithilfe deines Portfolios kannst du folgende Fragen überprüfen:

- Was habe ich gelernt?
- Wie habe ich gelernt und gearbeitet?
- Welche Methoden und Arbeitstechniken haben mir geholfen?
- Womit bin ich zufrieden?
- Was will ich noch verbessern und üben?
- Woran möchte ich weiter arbeiten?

1.2 Arbeitsaufträge verstehen

Bei Prüfungen können die Aufgaben ganz unterschiedliche Leistungen von dir abverlangen. Es kann sein, dass du einen kurzen oder langen Text schreiben, ein richtiges Feld ankreuzen, aus einer Auswahl eine oder mehrere richtige Antworten kennzeichnen, Zahlen oder Ziffern angegeben musst.

- Bei Multiple-Choice-Aufgaben musst du aus einer Auswahl die eine richtige Antwort oder mehrere richtige Antworten auswählen. Achte deshalb immer darauf, wie viele Antworten du ankreuzen musst:
  Welche der Antworten ist richtig? (mehrere Antworten möglich)
  Kreuze die richtige Antwort an. (nur eine Antwort)
  Wenn du die Lösung nicht sofort erkennst, versuche zunächst eindeutig falsche Lösungen auszuschließen.

- Lies den Arbeitsauftrag genau. Bei vielen Aufgaben ist es sinnvoll, die Arbeitsanweisungen mit eigenen Worten wiederzugeben. Markiere dazu die Operatoren und Wörter, die für die Bearbeitung besonders wichtig sind. Fachbegriffe aus dem Deutschunterricht (z. B. Textsorten, grammatikalische Begriffe) solltest du kennen. Du hast in der Vorbereitungszeit noch Gelegenheit, durch das Nachschlagen im FINALE BASISWISSEN sicherer zu werden.

- Achte bei Aufgaben auf die genaue Formulierung: Genügen Stichwörter, reicht ein Satz zur Lösung, werden mehrere Sätze, ein Aufsatz oder ein Schaubild erwartet?
  Z. B. *Fasse den Text in wenigen Sätzen zusammen.*

- Die Zeit, die du zur Bearbeitung für einen Test oder eine Prüfungen hast, ist immer genau festgelegt. Gehe deshalb zu einer anderen Aufgabe über, wenn dir eine Aufgabe große Schwierigkeiten bereitet und du Zeit verlierst.

1.3 Sechs-Schritt-Lesemethode

Für Sachtexte wie für literarische Texte benutze die Sechs-Schritt-Lesemethode:

1. Schritt: Einen ersten Eindruck vom Text gewinnen	• Überfliege zunächst den Text. • Welche Hinweise gibt dir die Überschrift? • Wer ist der Autor bzw. die Autorin des Textes? • Ermittle die Textsorte. Handelt es sich um einen Sachtext oder literarischen Text? Kommen Abbildungen, Schaubilder, Grafiken, Diagramme vor? • Verschaffe dir einen Überblick über Zwischenüberschriften oder hervorgehobene Wörter.
2. Schritt: Fragen an den Text stellen	• Was weißt du schon über das Thema des Textes? • Worauf willst du beim Lesen besonders achten? • Worauf soll der Text dir Antworten geben?
3. Schritt: Den Text gründlich lesen	• Markiere unbekannte Begriffe und kläre ihre Bedeutung. • Markiere zu deinen Fragen Schüsselbegriffe und wichtige Aussagen. Unterstreiche nicht zu viel.
4. Schritt: Inhalte des Textes abschnittweise zusammenfassen	• Gib den Inhalt des Textes Abschnitt für Abschnitt mit eigenen Worten wieder. Formuliere Überschriften für die Abschnitte. • Überprüfe, ob du alles Wichtige erfasst hast.
5. Schritt: Dein Verständnis des Textes überprüfen	• Hast du die Aussage des Textes als Ganzes verstanden? • Welches Ziel wird mit dem Text verfolgt? • Kannst du Inhalte des Textes schriftlich zusammenfassen oder musst du einen der vorherigen Arbeitsschritte wiederholen? • Beziehe die Inhalte auf die gestellten Fragen. Kannst du sie jetzt beantworten?
6. Schritt: Den Text deuten und beurteilen	• Hast du durch den Text neues Wissen erworben? • Wie beurteilst du die Aussage des Textes?

1.4 Grafiken analysieren

Grafiken, Tabellen oder Diagramme geben Häufigkeiten und Zahlenverhältnisse an. Man unterscheidet:

1. Balkendiagramme oder Säulendiagramme zeigen oft absolute Zahlen an. Die Höhe der Säule oder die Länge des Balkens gibt die Anzahl an.
2. Tortendiagramme bzw. Kreisdiagramme zeigen die prozentuale Zusammensetzung einer Gesamtmenge. Dabei ist der Kreis in mehrere Teile unterteilt, die jeweils den Anteil an der Gesamtmenge wiedergeben.
3. Kurvendiagramme oder Liniendiagramme zeigen Daten von verschiedenen Zeitpunkten. Durch diese Vergleichsmöglichkeit lässt sich eine Entwicklung ablesen.

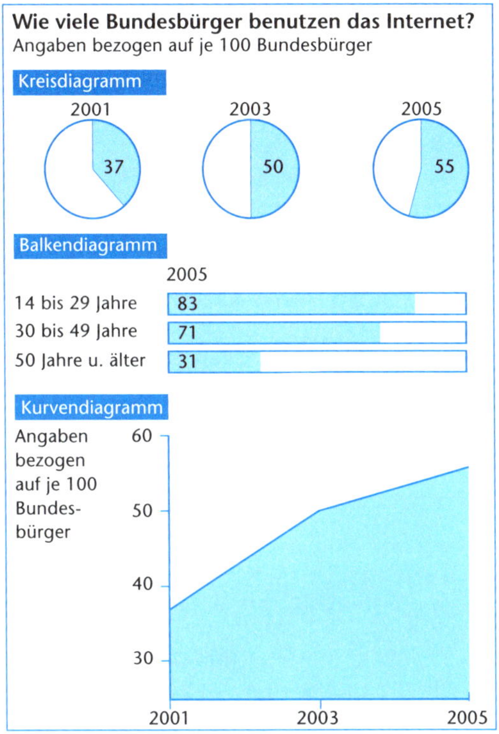

In vier Schritten eine Grafik analysieren

1. Schritt: Erster Überblick	• Worum geht es in der Grafik? Überschrift lesen. • Was ist das Thema?
2. Schritt: Daten erfassen	• Handelt es sich um absolute Zahlen oder um Prozentzahlen? • Worauf beziehen sich die Daten? • Was sind die höchsten, was die niedrigsten Werte?
3. Schritt: Daten vergleichen	• Was fällt dir beim Vergleich der Zahlen auf? • Welche Ergebnisse lassen sich aus diesem Vergleich ableiten? Kannst du Trends, auffällige Zunahmen, Abnahmen, Unterschiede zwischen den Gruppen erkennen?
4. Schritt: Grafik beurteilen	• Bewerte die Ergebnisse deiner Grafikanalyse. • Setze deine Ergebnisse in Bezug zu deinem Wissen.

1.5 Karikaturen analysieren

Eine Karikatur besteht aus einer Zeichnung, häufig mit einer Bildunterschrift, die oft im Widerspruch zur Zeichnung steht.
In einer Karikatur werden Menschen, politische, gesellschaftliche oder wirtschaftliche Zustände überspitzt dargestellt und so kommentiert. Um auf ein Problem hinzuweisen, übertreibt und verzerrt der Zeichner seine Darstellung. Dadurch ist eine Karikatur oft witzig. Doch das Anliegen ist nicht nur zu unterhalten, sondern Stellung zu einem Problem zu nehmen, Kritik zu üben und zum Nachdenken anzuregen.

In vier Schritten eine Karikatur analysieren

1. Schritt: Genau hinsehen	• Was zeigt die Zeichnung? • Wer oder was wird angesprochen? • Was fällt in der Darstellung besonders auf?
2. Schritt: Problem erkennen	• Um welches Thema geht es, welches Problem wird angesprochen? • Welche Hinweise gibt der Text?
3. Schritt: Karikatur deuten	• Welche Absicht verfolgt der Zeichner? • Welche Meinung bringt er zum Ausdruck?
4. Schritt: Stellung nehmen	• Wie stehst du zu dem Thema? • Bist du der gleichen Meinung wie der Zeichner?

1.6 Ein Cluster anlegen

„Cluster“ ist ein Nomen aus dem Englischen und wird mit Traube, Büschel, Haufen oder Gruppe übersetzt. Ein Cluster anlegen bedeutet, Ideen und Einfälle zu einem Thema zu sammeln.

In vier Schritten ein Cluster anlegen

1. Schritt: Den Kern des Clusters anlegen	• Notiere das Thema (als Begriff oder als kurzen Satz) in die Mitte eines Blattes. • Umkreise den Begriff oder den Satz. So entsteht der Kern deines Clusters.
2. Schritt: Einfälle zum Thema notieren	• Schreibe alles, was dir zum Thema einfällt, in Stichworten um den Kern. • Kreise deine Notizen ein.
3. Schritt: Verbindungen herstellen	• Verbinde zusammengehörende Gedanken durch Linien miteinander. So entsteht um den Kern herum ein Ideenbündel.
4. Schritt: Das Cluster auswerten	• Betrachte dein Cluster. Markiere Notizen farbig, die besonders wichtig sind.

1.7 Eine Mindmap anlegen

Den Begriff Mindmap kannst du mit „Ideen-Landkarte" übersetzen. Die Mindmap stellt deine Ideen zu einem Thema geordnet dar: Hauptgedanken bzw. Oberbegriffe stehen auf „Ästen", von denen „Zweige" für Nebengedanken und Unterbegriffe abgehen.
Eine Mindmap eignet sich, um Themen und Textinhalte strukturiert und übersichtlich wiederzugeben, als Gedächtnisstütze für Referate und als Lernkartei zum Wiederholen.

In vier Schritten eine Mindmap anlagen

1. Schritt: Den Kern der Mindmap anlegen	• Notiere das Thema in die Mitte eines Blattes. • Umkreise den Begriff oder den Satz.
2. Schritt: Lege Hauptgedanken bzw. Oberbegriffe zum Thema fest	• Zeichne vom Kern aus Äste. • Notiere Hauptgedanken bzw. Oberbegriffe zu den Ästen.
3. Schritt: Lege Nebengedanken bzw. Unterbegriffe zu den Oberbegriffen fest	• Zeichne Zweige an die Äste. • Notiere passende Nebengedanken bzw. Unterbegriffe.
4. Schritt: Die Mindmap kontrollieren	• Überprüfe die Übersichtlichkeit, richtige Zuordnung und Vollständigkeit deiner Mindmap.

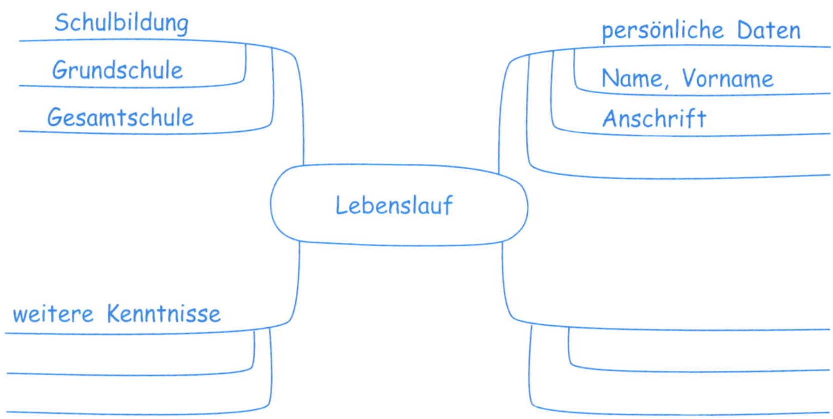

1.8 Stichwortzettel und Tabellen anlegen

Stichwortzettel

Nicht alles kann man sich merken. Damit du nichts vergisst, solltest du dir Notizen machen. Stichwortzettel kannst du zum Auswerten von Texten, bei Vorträgen, Diskussionen und Telefongesprächen einsetzen. Sie sollten gut strukturiert sein: Schreibe daher die Stichwörter untereinander, trenne sie durch Spiegelstriche, zeige durch Pfeile Zusammenhänge auf. Notiere auf dem Stichwortzettel immer das Thema, Zeitpunkt und Quelle. Du kannst sonst später deine Notizen nicht genau zuordnen.

Stichwortzettel

Aufgabe: Notizen von Texten, Vorträgen

Notizen strukturieren:
- untereinander anordnen
- durch Spiegelstriche trennen
- durch Pfeile Zusammenhänge aufzeigen
  → wichtig für Referate

Tabelle

Pro- und Kontra-Argumente, aber auch andere Informationen lassen sich in einer Tabelle übersichtlich sammeln und ordnen. Überlege vorher, wie viele Spalten bzw. Zeilen du benötigst. Gib jeder Spalte eine Überschrift oder weise ihr einen Oberbegriff zu.

Soll ich eine Ausbildung beginnen?	Soll ich weiter zur Schule gehen?
Pro - Ich verdiene Geld. - Ich stehe auf eigenen Füßen. - Arbeit macht mir bestimmt Spaß. - Ich bin doch eigentlich lange genug zur Schule gegangen. - …	Pro - Je höher mein Abschluss, desto besser sind die Berufsaussichten. - Ich weiß noch gar nicht genau, was ich werden will. - Ich gehe gern zur Schule. - Ich habe mehr Freizeit. - …
Kontra - Ich habe kaum noch Freizeit. - Viele Auszubildende werden später nicht übernommen. - …	Kontra - Ich bin von meinen Eltern abhängig. - Ich verdiene kein Geld. - …

1.9 In Wörterbüchern nachschlagen

Niemand kann alle Wörter richtig schreiben oder alle Wortbedeutungen kennen. Aus diesen Gründen gibt es Wörterbücher, in denen du die Bedeutung und Rechtschreibung der jeweiligen Wörter nachschlagen kannst.

Rechtschreibwörterbuch

Wenn du nicht sicher bist, wie ein Wort geschrieben oder getrennt wird, findest du im alphabetischen Wörterverzeichnis eines Rechtschreibwörterbuchs die richtige Schreibung und Trennung. Dort findest du auch oft Angaben zu Aussprache und Herkunft des Wortes. Einige Stichwörter werden auch in ihrer Bedeutung erklärt.
Manche Rechtschreibwörterbücher ergänzen ihr Wörterverzeichnis durch Merkkästen und einen Regelteil zur Schreibung und zum Gebrauch von Wörtern, zur Zeichensetzung und zur Grammatik.

Fremdwörterbuch

In einem Fremdwörterbuch werden dir Rechtschreibung, Silbentrennung, Aussprache, Bedeutung und Herkunft von fremdsprachigen Wörtern und wissenschaftlichen Fachausdrücke erläutert.

Grundregeln beim Nachschlagen

1. Beachte konsequent das Abc:
   - *lachen* steht vor *machen.*
   - *degradieren* steht vor *Degression*
2. Bei Fremdwörtern gibt es oft mehrere Bedeutungen. Um die richtige Bedeutung herauszufinden, mache die Ersatzprobe: Setze die angegebenen Bedeutungen im Text an die Stelle des Fremdwortes. Wähle die Bedeutung aus, die im Textzusammenhang sinnvoll ist.
3. Manche Wörter findet man nicht auf Anhieb im Wörterbuch, weil sie im Text in veränderter Form vorkommen. Gehe dann so vor:
   - Bilde von Verben die Grundform (den Infinitiv): *las* → *lesen.*
   - Bilde bei Nomen die Einzahlform (Singular): *Lexika* → *Lexikon.*
   - Schlage bei zusammengesetzten Wörtern erst unter dem ersten Wortteil nach. Wenn dort die Wortzusammensetzung nicht zu finden ist, musst du auch das zweite Wortteil nachschlagen:
     Reflexionsprozess: → *Reflexion* → *Prozess.*

1.10 Inhalte zusammenfassen

Im Unterricht und in Prüfungen wird von dir verlangt, dass du Texte zusammenfasst. In einer Inhaltsangabe bzw. Zusammenfassung teilst du jemanden, der den Text nicht kennt, die wesentlichen Inhalte mit.

Einen Text in sechs Schritten zusammenfassen

1. Schritt: Text lesen	• Lies den Text genau durch. Benutze dabei die 6-Schritt-Lesemethode.
2. Schritt: Notizen erstellen	• Notiere die wichtigsten Inhalte für deine Zusammenfassung auf einem Notizzettel, als Cluster oder Mindmap.
3. Schritt: Einleitung schreiben	• Nenne in deiner Einleitung den Autor, Titel, Textsorte und Erscheinungsort des Textes. Weise auf das Thema hin.
4. Schritt: Hauptteil schreiben	• Informiere knapp über die wesentlichen Inhalte des Textes. Verzichte auf Einzelheiten, wenn sie nicht zum Verständnis des Textes erforderlich sind. • Schreibe sachlich. Vermeide erzählerische Mittel und Formulierungen, die deinen Text spannend machen. • Schreibe die Inhaltsangabe im Präsens. • Schreibe direkte Rede in indirekte Rede um. Verwende dabei den Konjunktiv oder dass-Sätze. • Wandle die Ich-Form in die Er-Form um. • Setze Zitate in Anführungszeichen. Wenn du etwas auslässt, mache das durch Auslassungszeichen (…) kenntlich. Nenne die Zeile nach dem Zitat in Klammern (*Z. 25*).
5. Schritt: Schluss und Deutung schreiben	• Manchmal ist sinnvoll, dass du deine Ansicht von dem Ausgangstext mitteilst. Schreibe dann eine kurze begründete Deutung des Textes.
6. Schritt: Die Zusammenfassung kontrollieren	• Vergleiche, welche Informationen du in dem Ausgangstext gefunden und welche du in deiner Zusammenfassung verwendet hast. • Erfährt der Leser deines Textes alles Wichtige? • Enthält deine Inhaltsangabe wichtige Lücken? • Werden die wesentlichen Zusammenhänge deutlich? • Ist deine Inhaltsangabe logisch aufgebaut?

2 Fachbegriffe: Literatur

Zur Literatur gehören Texte, deren Inhalt zum größten Teil erfunden ist. Daher bezeichnet man sie als fiktionale Texte (fiktional = erdacht). Literarische Texte werden in drei Hauptgattungen unterteilt: Epik (erzählende Literatur), Lyrik (Gedichte) und Drama (Theaterstücke).

2.1 Fachbegriffe zur Epik

Die epische Literatur wird von einem Erzähler vorgetragen. In der Epik werden verschiedene Formen (Textsorten) unterschieden, die dir im Folgenden vorgestellt werden.

Epische Formen

Epos

Das Epos (griechisch für Wort, Ausspruch, Erzählung) ist die älteste erzählerische Großform. Von ihm erhält die Epik ihren Namen. Ein Epos schildert oft die Geschichte eines Helden. Die dargestellte Welt und die in die Handlungen eingreifenden Götter werden nicht hinterfragt. Erst im Mittelalter stellen die epischen Dichter die Welt und Götter kritischer dar. Epen sind in Versen geschrieben.
Bekannte Epen sind: „Gilgamesch-Epos“ (ca. 3. Jahrtausend vor Chr.), „Odyssee“ und „Ilias“ von Homer (ca. 7. Jahrhundert vor Chr.), „Nibelungenlied“ (um 1200 nach Chr.), „Göttliche Komödie“ von Dante Alighieri (1256–1321), „Messias“ von Friedrich Gottlieb Klopstock (1724–1803).

Roman

Der Roman ist eine moderne Erzählform, die unterschiedlich umgesetzt werden kann. Romantypen werden unterschieden nach Themen, beispielsweise Kriminalroman, Liebesroman, Familienroman, Gesellschaftsroman, Entwicklungsroman, Fantasyroman. Eine andere Unterscheidung orientiert sich an den Adressaten, für die die Romane geschrieben werden: Kinder- und Jugendroman, Frauenroman usw. Gemeinsam ist den Romanen, dass in ihnen ausführlich die problematische Situation eines Einzelnen geschildert wird: wie er in seiner Umgebung und mit seinen Mitmenschen lebt, sich verändert und entwickelt. Im Unterschied zum Epos kann der Erzähler seiner geschilderten Wirklichkeit und seinen Figuren kritisch gegenüberstehen. Romane werden in Prosa geschrieben und umfassen zwischen 100 und mehreren tausend Seiten.

Bekannte Romane sind: „Die Leiden des jungen Werther“ von Johann Wolfgang von Goethe (1749–1832), „Homo Faber“ von Max Frisch (1911–1991), „Das Versprechen“ von Friedrich Dürrenmatt (1921–1990), „Herr der Ringe“ von John Ronald Reuel Tolkien (1892–1973), „Harry Potter und der Stein der Weisen“ von Joanne K. Rowling (geb. 1965).

Erzählung

Die Erzählung ist keine bestimmte epische Form, sondern ein Sammelbegriff für verschiedene epische Texte. Von einer Erzählung spricht man auch, wenn ein Text nicht genau einer Form zugeordnet werden kann.

Novelle

Novelle (vom lateinischen novus = neu) bedeutet eigentlich kleine Neuigkeit. Die Novelle ist kurz (bis zu ca. 100 Seiten) und erzählt von einer bisher „unerhörten Begebenheit“ (Goethe), einem Ereignis mit zentralem Konflikt. Oft wird ohne kommentierende Einmischung des Erzählers die Handlung straff und realistisch auf ein Ziel hin erzählt. Novellen haben oft ein geschlossenes Ende. Sie waren besonders im 19. Jahrhundert beliebt.
Einige berühmte Novellen sind: „Aus dem Leben eines Taugenichts“ von Joseph von Eichendorff (1788–1857), „Die Judenbuche“ von Annette von Droste-Hülshoff (1797–1848), „Kleider machen Leute“ von Gottfried Keller (1819–1890), „Der Schimmelreiter“ von Theodor Storm (1817–1888), „Wir sind Utopia“ von Stefan Andres (1906–1970).

Kurzgeschichte

Kurzgeschichten, der Begriff ist eine Übersetzung des amerikanischen short story, werden in Deutschland erst nach 1945 geschrieben. Die Kürze der Kurzgeschichten betrifft nicht nur den Umfang der Texte von wenigen Sätzen bis zu einigen Seiten, sondern oft auch den Satzbau, die Beschreibung der Personen, Orte und Gedanken. Typische Merkmale für Kurzgeschichten sind:

- Der Anfang ist unvermittelt, der Leser wird unmittelbar in das Geschehen hineingeführt.
- Der Schluss ist offen und soll zum Weiterdenken anregen.
- Inhaltlich wird dem Leser in einer Momentaufnahme ein entscheidendes Erlebnis im Leben eines oder mehrerer Menschen vorgeführt.
- Die Handlung ist auf das Wesentliche beschränkt.
- Stoffe, Personen und Motive, aber auch die Sprachform werden oft dem Alltagsleben entnommen.
- Häufig findet man folgende stilistische Merkmale: Wiederholungen, Aufzählungen, kurze aufeinanderfolgende Sätze, unvollständige Sätze (Ellipsen).

Nicht immer treffen auf eine Kurzgeschichte alle Merkmale zu.

Einige bekannte Kurzgeschichten sind: „Schnee am Kilimandscharo" von Ernest Hemingway (1899–1961), „Die Küchenuhr" von Wolfgang Borchert (1921–1947), „Ein Freund der Regierung" von Siegfried Lenz (geb. 1927), „Blitzeis" von Peter Stamm (geb. 1963), „Sommerhaus, später" von Judith Hermann (geb. 1970).

Märchen

Märchen erzählen fantastische Ereignisse. Typische Merkmale des Märchens:

- Die Handlung spielt an einem unbestimmten Ort zu einer unbestimmten Zeit.
- Meistens werden im Märchen die Helden Prüfungen ausgesetzt, die sie aber mithilfe von Zauberei und guten Mächten bestehen.
- Am Ende siegt stets das Gute.
- Typisch für Märchen sind die vielen Gegensätze der handelnden Personen: groß – klein, gut – böse, treu – falsch, klug – dumm, glänzend – schmutzig ...
- Zahlen und ihre Symbole spielen eine große Rolle (drei Wünsche, sieben Zwerge ...)
- Die Sprache ist einfach.

Es gibt zwei Märchentypen: Volksmärchen werden mündlich weitererzählt und haben keinen bekannten Autor. Sie werden von Märchensammlern wie den Brüdern Jacob und Wilhelm Grimm aufgeschrieben.

Kunstmärchen werden von einem Dichter, z. B. von Hans-Christian Andersen oder Wilhelm Hauff, erfunden und geschrieben.

Sage

Wie das Märchen ist die auch Sage eine volkstümliche und oft wundersame, fantastische Erzählung. Häufig sind es Erklärungsversuche für Geschehnisse, die man sich früher nicht erklären konnte, z. B. eine Felsengestalt. Typische Merkmale der Sage:

- Die Sage knüpft an reale Personen, Orte und Zeitangaben an.
- Magische Kräfte und Wesen (Riesen, Teufel) spielen eine große Rolle.
- Die Sprache der Sage ist einfach.

Parabel

Die Parabel ist eine kurze lehrreiche Erzählung, in der allgemeine Erkenntnisse und Lebensweisheiten, durch einen Vergleich veranschaulicht werden.

Fabel

Mit Fabel bezeichnet man eine zumeist kurze Erzählung, in der Tiere oder Pflanzen wie Menschen sprechen und handeln und über menschliche Charaktereigenschaften verfügen. An diesem Beispiel wird eine Lehre vermittelt oder Kritik geübt, die auf menschliches Verhalten übertragen werden soll. Typische Merkmale der Fabel:

- Häufig stehen sich zwei Tiere mit gegensätzlichen Eigenschaften gegenüber.
- Oft wird die Handlung nach einer kurzen Einführung in Rede und Gegenrede fortgeführt.
- Meist endet die Fabel mit einem überraschenden Schluss.
- In vielen Fabeln steht am Anfang oder am Ende in einem eigenen Satz die „Moral", d. h. die Lehre, die man ziehen soll.

Anekdote

In einer Anekdote wird eine kurze, oft unterhaltsame und zum Nachdenken anregende Geschichte über ein interessantes Ereignis oder eine besondere Eigenschaft eines oft bekannten Menschen erzählt. Viele Anekdoten haben einen wahren Kern, der aber ausgeschmückt wird. Typisch für die Anekdote ist die Pointe, der Witz am Ende der Geschichte.

Satire

Satiren sind verspottende Kritiken menschlicher Schwächen, politischer und gesellschaftlicher Missstände. Es wird der Widerspruch zwischen der Wirklichkeit und dem Ideal, wie es sein sollte, deutlich gemacht. Satiriker verwenden dabei gerne die Mittel der Ironie, der Über- oder Untertreibung und der Umkehrung der Verhältnisse. Satirische Texte wurden zu jeder Zeit geschrieben. Bekannte Satiren sind: „Ratschläge für einen guten Redner" von Kurt Tucholsky (1890–1935), „Entwicklung der Menschheit" von Erich Kästner (1899–1974), „Auf dem Supermarkt" von Ephraim Kishon (1924–2005).
Satiren gibt es in Form von Erzählungen, Gedichten, Theaterstücken und Karikaturen.

Parodie

Von einer Parodie spricht man, wenn eine Textvorlage, bestimmte Textmerkmale oder eine Literaturform in satirischer Absicht verändert oder nachgeahmt werden. Besonders beliebt sind Märchen, beispielsweise „Das Märchen vom bösen Hansel, der bösen Gretel und der Hexe" von Paul Maar (geb. 1937) oder „Ensel und Krete" von Walter Moers (geb. 1957).

Merkmale erzählender Texte

Geschichten werden erzählt. Typisch für erzählende Texte sind Motive, im Text wiederkehrende Themen, die ausgestaltet werden. Motive beziehen sich auf Personentypen (Einzelgänger, Hexe), Orte (Burg, Ruine), übergeordnete Bereiche (Wettlauf mit der Zeit, Liebe). Hinter jedem erzählten Text steckt ein Erzähler. Dieser wurde vom Autor erfunden, er darf nicht mit dem Autor verwechselt werden.

Die Erzählperspektive

Der Erzähler nimmt eine bestimmte Erzählhaltung gegenüber dem Erzählten ein. Er verdeutlicht so seine Einstellung zum Geschehen und seinen Figuren. Er kann z.B. einfühlend, ironisch, kritisch, sachlich, satirisch, den Eindruck einer großen inneren Beteilung oder Zustimmung erwecken oder gleichgültig, distanziert erzählen.
Im Rahmen seiner Erzählhaltung nimmt der Erzähler eine Erzählperspektive ein. Der Erzähler kann eine Außenperspektive einnehmen. Dann stellt er nur das äußere Erscheinungsbild seiner Figuren und die von außen wahrnehmbaren Handlungen dar. Oder er kann eine Innenperspektive einnehmen. In dieser kann er auch die Gedanken und Gefühle einer Figur schildern.

Die Erzählformen

Des Weiteren entscheidet sich der Erzähler für eine Erzählform. Man unterscheidet die Ich-Form, bei der der Erzähler in der 1. Person Singular von sich erzählt, oder der Er- bzw. Sie-Form, bei der er von anderen spricht.

Das Erzählverhalten

Auktoriales Erzählverhalten

Nimmt der Erzähler ein auktoriales Erzählverhalten ein (von lateinisch auctor = Urheber, Verfasser), dann ist er ein allwissender, das gesamte Geschehen überschauender Erzähler. Wie von einer Wolke herabschauend steht er über den erzählten Geschehnissen und auch außerhalb des Erzählten. Aber er kann sich auch in seine Figuren hineinversetzen und ihre Gedanken und Gefühle beschreiben. Der allwissende Erzähler kommentiert und bewertet die Ereignisse, er kann den Gang der Erzählung unterbrechen durch Rückverweise (Einschübe, die vor der Zeit der eigentlichen Handlung spielen), und Vorausdeutungen (Hinweise auf das, was nach der Zeit der eigentlichen Handlung passiert). Beispiel: *Christoph fuhr mit dem Fahrrad zum Training. Auf dem Sportplatz war niemand. Was ist denn nun los, dachte er. Sein Trainer verspätete sich, da er länger arbeiten musste. Er hatte vergessen, Christoph anzurufen. Aber Christoph sollte nicht lange allein sein.*

Neutrales Erzählverhalten

Ein neutrales Erzählverhalten liegt vor, wenn der Erzähler die Geschehnisse von außen schildert und sich dabei auf die reine Wiedergabe der Handlung beschränkt. Er gibt keine Kommentare oder Erklärungen ab. Beispiel: *Christoph fuhr mit dem Fahrrad zum Training. Auf dem Sportplatz war niemand. „Wo seid ihr?", rief Christoph. Er stellte sein Fahrrad ab und setzte sich auf eine Bank.*

Personales Erzählverhalten

Beim personalen Erzählverhalten wird das Geschehen aus der Sicht einer Figur (oder auch mehrerer Figuren) erzählt. Der Erzähler kennt nur die Gefühle und Gedanken seiner Figur. Es kann vorkommen, dass der Erzähler das Geschehen aus der Sicht seiner Figur kommentiert. Beispiel: *Christoph fuhr mit dem Fahrrad zum Training. Auf dem Sportplatz war niemand. Das ärgerte ihn sehr, denn er war nicht gerne allein auf dem Sportplatz allein. Er stellte sein Fahrrad ab und setzte sich fluchend auf eine Bank.*

Der Erzähler im Überblick

Erzählform
- Ich-Form
- Er-/Sie-Form

Erzählverhalten
- auktoriales Erzählverhalten
- neutrales Erzählverhalten
- personales Erzählverhalten

Erzählperspektive
- Innen-Perspektive
- Außen-Perspektive

Die Zeitverhältnisse

Die Zeitverhältnisse und die Redeformen stellen die erzählerischen Mittel dar, mit denen der Autor eine Erzählung lebendig und interessant gestaltet.
Der Autor entscheidet, wie der Erzähler die Zeitverhältnisse des erzählten Geschehens gestaltet. Durch die Wahl der Zeitverhältnisse werden bestimmte Ereignisse hervorgehoben oder vernachlässigt.

Erzählzeit

Die Erzählzeit ist der Zeitraum, den man benötigt, um einen Text zu lesen bzw. die der Erzähler braucht, um seine Erzählung vorzutragen.

Erzählte Zeit

Die erzählte Zeit umfasst alle Zeiträume, von denen erzählt wird, also die Zeit, in der sich das erzählte Geschehen abspielt.
Beim zeitdeckenden Erzählen stimmen Erzählzeit und erzählte Zeit überein. Oft wird aber in einer Erzählung die Zeit gerafft oder gedehnt.

Zeitraffung

Der Erzähler fasst Zeitabschnitte kurz zusammen, die in Wirklichkeit lange Zeit gedauert haben. Er kann auch Geschehnisse nur andeuten oder überspringen.
Beispiel: *Der Trainer ließ das Team fünfmal um den Platz laufen. Nach dem Dauerlauf fiel Christoph erschöpft auf den Rasen.*
Erzählzeit ca. 5 Sekunden, erzählte Zeit ca. 15 Minuten.

Zeitdehnung

Der Erzähler dehnt Ereignisse aus, die sich in Wirklichkeit in kurzer Zeit abspielen. Er schildert dann die Ereignisse, Hintergründe oder Orte sehr ausführlich. Er kann auch die Handlung mit Rückverweisen und Vorausdeutungen oder mit Erzählerkommentaren und Reflexionen verzögern. Beispiel: *Christoph stand auf der Linie. Dort stand er fast immer, denn er war ja der Torwart. Thomas legte den Ball auf den Elfmeterpunkt. Er lief an und schoss aufs Tor. Wie so oft täuschte er eine Ecke an, um dann in die andere zu schießen. Christoph hechtete in die linke Ecke. Mit voller Kraft sprang er ab. Seine Stollen lösten sich schmatzend vom sumpfigen, durch den Regen tiefen Boden. Er sah, wie sein linker Arm immer länger und länger wurde. Jeden Moment würde er mit dem Ellenbogen auf die Linie prallen. Gleichzeitig versuchte er den Ball mit den Augen zu fixieren und zu fangen. Doch vergeblich. Der Ball kullerte in die rechte Ecke.*
Erzählzeit ca. 30 Sekunden, erzählte Zeit ca. 5 Sekunden.

Die Redeformen

Durch die jeweiligen Redeformen charakterisiert ein Autor seinen erzählenden Text. Er kann durch die Wahl der Redeform Nähe und Distanz zu seinen Figuren ausdrücken, aber auch die Handlung zusammenfassen oder ausführlicher darstellen.

Direkte Rede

Äußerungen und Gedanken werden in wörtlicher Rede wiedergegeben. Der Leser ist dadurch nah am Geschehen, wie bei einer Live-Reportage. Beispiel: *Christoph sagte: „Wo bleibt ihr denn? Ich warte schon seit einer halben Stunde." „Hat man dir nicht Bescheid gesagt?"*

Indirekte Rede

Die Äußerungen und Gedanken werden vom Erzähler in eigenen Worten meistens im Konjunktiv wiedergegeben. Der Erzähler schafft so eine Distanz zum Geschehen. Beispiel: *Als Thomas auf dem Sportplatz erschien, fragte Christoph ihn, wo sie denn alle blieben.*

Gedankenrede / Innerer Monolog

Der Erzähler gibt die Gedanken und Gefühle der Figuren in der Ich-Form meistens im Präsens wieder. Der Leser schaut der Person beim Denken zu. Beispiel: *Christoph stand auf dem leeren Platz. Ob die anderen noch zum Training kommen? Wie lange soll ich noch warten?*

Erlebte Rede

Der Erzähler gibt die Gedanken und Gefühle der Figuren in der 3. Person meistens im Präteritum wieder. Der Leser erfährt zwar die Gedanken der Person, ist aber nicht so nah dran wie beim inneren Monolog. Beispiel: *Der Trainer fuhr heute später zum Sportplatz. Hatte er alle angerufen? Er glaubte nicht, dass er jemanden vergessen hatte.*

Gedankenbericht

Der Erzähler gibt mit eigenen Worten wieder, was die Figuren denken. Die Gedanken können so zusammengefasst werden. Beispiel: *Christoph überlegte, wie lange er noch warten sollte. Um seinen Ärger zu vertreiben, beschloss er, sich schon mal warm zu laufen.*

Redebericht

Der Erzähler gibt in allgemeiner Form inhaltlich wieder, worüber die Figuren sprechen oder gesprochen haben. Dialoge können so zusammengefasst werden. Beispiel: *Christoph und Thomas redeten über die Gründe der Verschiebung des Trainingsbeginns.*

2.2 Fachbegriffe zur Lyrik

Einige Gedichtformen

In der Gattung Lyrik gibt es zahlreiche Formen. Im Folgenden wird dir eine Auswahl genannt:

Ballade

Das Besondere an der Ballade ist, dass in ihr die drei literarischen Gattungsmerkmale vereint sind. Die Ballade ist ein Erzählgedicht (= Epik), das über ein dramatisches Ereignis mit Dialogen (= Drama) in Versform (= Lyrik) erzählt. Oft sind schicksalhafte Begegnungen mit bedrohlichen Mächten Thema einer Ballade. Berühmte Balladen sind „Die Bürgschaft" von Friedrich Schiller (1759–1805), „John Maynard" von Theodor Fontane (1819–1898), „Ballade vom Nachahmungstrieb" von Erich Kästner (1899–1974).

Elfchen

Das Elfchen hat einen strengen Aufbau. Es umfasst fünf Verse. Die Verse bestehen jeweils aus: einem Wort, zwei Wörtern, drei Wörtern, vier Wörtern und wieder einem Wort. Zusammen sind das elf Wörter. Mit diesen kann man einen Augenblick oder eine Beobachtung festhalten.

Regen
Überall Pfützen
Zwei nasse Socken
Wieder im warmen Zimmer
Erkältung

Haiku

Das Haiku ist eine japanische kurze Gedichtform mit strengem Aufbau. Es besteht aus drei Versen (5 Silben, 7 Silben, 5 Silben). Meistens wird eine alltägliche Beobachtung oder ein bestimmter Augenblick wiedergegeben.

Kaffee im Becher
kalt bitter abgestanden
fort – schnell weg damit

Konkrete Poesie

Bei der konkreten Poesie wird oft mit den Klängen der Sprache oder mit der Form und Anordnung der Buchstaben gespielt und experimentiert. Die Sprache wird dabei als konkretes Material verwendet.

ЯƎDИAИIƎHƆЯUD

Hans-Jürgen Lenhart

Alles durcheinander bringen
verstellen Buchstaben die
edi Torte verwauschen
zeSät wärtsrück benschreiauf
neztesmu nebliS eiD

Lied

Gedichte werden oft zu Liedern gesungen. Viele Lieder haben einen Refrain. Das Radio liefert dir täglich Beispiele für Lieder und Songs.

Sonett

Das Sonett ist eine besonders leicht zu erkennende Gedichtform, weil es immer vier Strophen mit insgesamt 14 Versen (4+4+3+3) und oft das Reimschema (abba abba cdc dcd) hat. Diese Gedichtform ist zur Zeit der Renaissance (14.–16. Jahrhundert) in Italien entstanden und wurde in Deutschland vor allem im Barock (17. Jahrhundert) von Opitz, Gryphius, Hofmannswaldau gepflegt. Aber auch im 20. Jahrhundert griffen viele Dichter auf die Form des Sonetts zurück.

Berlin I (1911)

Georg Heym

Der hohe Straßenrand, auf dem wir lagen,
War weiß von Staub. Wir sahen in der Enge
Unzählig: Menschenströme und Gedränge,
Und sahn die Weltstadt fern im Abend ragen.

Die vollen Kremser* fuhren durch die Menge,
Papierne Fähnchen waren drangeschlagen.
Die Omnibusse, voll Verdeck und Wagen.
Automobile, Rauch und Hupenklänge.

Dem Riesensteinmeer zu. Doch westlich sahn
Wir an der langen Straße Baum an Baum,
Der blätterlosen Kronen Filigran**.

Der Sonnenball hing groß am Himmelssaum
Und rote Strahlen schoss des Abends Bahn.
Auf allen Köpfen lag des Lichtes Traum.

*vielsitzige Mietskutsche
** sehr feine Goldschmiedearbeit

Merkmale lyrischer Texte

Gedichte unterscheiden sich schon auf dem ersten Blick von erzählenden Texten. Sie sind in Verse und oft in Strophen verfasst. Viele lyrische Texte reimen sich. Im Folgenden werden dir einige wichtige lyrische Merkmale erläutert.

Vers

Der Vers ist die Zeile einer Strophe bzw. eines Gedichts.

Strophe

Die Strophe besteht aus mehreren zusammenhängenden Versen, vergleichbar mit dem Absatz im Prosatext. Strophen werden durch eine Leerzeile voneinander getrennt.

Metrum

Die Folge der betonten und unbetonten Silben in den Wörtern der Verse kann man einem Metrum zuordnen. Die wichtigsten Metren oder Versfüße im Deutschen sind:

Jambus	unbetont betont	x x́
Trochäus	betont unbetont	x́ x
Daktylus	betont unbetont unbetont	x́ x x

Wenn in einem Vers immer dasselbe Metrum benutzt wird, spricht man vom Versmaß. Entsprechend der Länge der Verszeile kann das Versmaß aus zwei, drei, vier, fünf oder sechs betonten Silben bestehen. Man nennt dies zwei-, drei-, vier-, fünf- oder sechshebiges Versmaß. Beispiele sind:

<u>Vierhebiger Jambus:</u>

x x́ x x́ x x́ x x́ x
Es schlug mein Herz, geschwind zu Pferde!
x x́ x x́ x x́ x x́
Es war getan fast eh gedacht;
(J. W. v. Goethe: Willkommen und Abschied)

Ein Jambus wirkt oft belebend, frisch, dynamisch, beweglich, glatt, weich.

<u>Vierhebiger Trochäus:</u>

x́ x x́ x x́ x x́ x
Fest gemauert in der Erden
x́ x x́ x x́ x x́
Steht die Form, aus Lehm gebrannt.
(Fr. Schiller: Das Lied von der Glocke)

Ein Trochäus wirkt oft fest, gefasst, gemäßigt, aber auch pochend, nachdrücklich, spröde, hart.

Vierhebiger Daktylus:

x́ x x x́ x x x́ x x x́ x x
Auf Kieseln im Bache da lieg ich, wie helle!
x́ x x x́ x x x́ x x x́ x x
Verbreite die Arme der kommenden Welle
(J. W. v. Goethe: Wechsel)

Der Daktylus bringt oft Bewegung und Schwung in die Verse, er kann beispielsweise Pferdegetrappel oder einen Tanz im Dreivierteltakt imitieren.

Rhythmus

Einem Vers liegt oft ein Metrum als festes Muster zugrunde. Wenn man ein Gedicht nach diesem Metrum betont, leiert man oft beim Vortrag. Durch Betonung, Pause, Tempo, Stimmhöhe oder Stimmtiefe erreicht man eine rhythmische Klangwirkung, die das eintönige Muster des Metrums überwindet.

Reim

Ein Reim entsteht durch gleich klingende Versenden. Wenn ein Vers mit einer betonten Silbe endet, spricht man von einem stumpfen Reim oder männlichen Reim. Das Versende klingt oft abgehackt:

x́ x x́ x x́ x x́
Aber wie des Sternes Pracht
x́ x x́ x x́ x x́
Ist es nur ein Schein der Nacht
(Fr. Schiller: An Emma)

Wenn ein Vers auf einem unbetonten Vers endet spricht man von einem klingenden Reim oder weiblichen Reim. Das Versende klingt oft weich und fließend.

x́ x x́ x x́ x x́ x
An besonders schönen Tagen
x́ x x́ x x́ x x́ x
Ist der Himmel sozusagen
(E. Kästner: Im Auto über Land)

Unreiner Reim

Ein unreiner Reim entsteht, wenn beim Gleichklang am Versende Laute nicht identisch sind (Tier – dafür).

Reimformen

In Gedichten findest du verschiedene Reimformen (Reimschemata). Die häufigsten sind Paarreim, Kreuzreim und umarmender Reim.

Wenn ich in deine Augen seh

Heinrich Heine

Wenn ich in deine Augen seh,	a	Paarreim
So schwindet all mein Leid und Weh;	a	
Doch wenn ich küsse deinen Mund,	b	
So werd ich ganz und gar gesund.	b	

Wenn ich in deine Augen seh,	a	Kreuzreim
So werd ich ganz und gar gesund.	b	
So schwindet all mein Leid und Weh;	a	
Doch wenn ich küsse deinen Mund ...	b	

Wenn ich in deine Augen seh,	a	Umarmender Reim
So werd ich ganz und gar gesund.	b	
Doch wenn ich küsse deinen Mund,	b	
So schwindet all mein Leid und Weh.	a	

Zeilensprung

Beim Zeilensprung fallen das Satzende und das Versende nicht zusammen. Man darf daher beim Vortrag auch am Versende nicht die Stimme heben.

Und alle die Männer umher und Frauen
Auf den herrlichen Jüngling verwundert schauen.
(F. Schiller: Der Taucher)

Lyrisches Ich

Das lyrische Ich oder der lyrische Sprecher ist eine Figur im Gedicht, die zwar „ich" sagt, aber nicht mit dem Verfasser des Gedichtes (Autor) gleichgesetzt werden darf. Der lyrische Sprecher sagt oft etwas über sich und seine Gefühle (Glück, Liebe, Trauer, Zorn, Mitgefühl), sein Verhältnis zur Natur und zu anderen Menschen aus.

2.3 Fachbegriffe zum Drama

Merkmale dramatischer Texte

Drama

Das griechische Wort Drama bedeutet übersetzt Handlung. Die Geschichte bzw. der Konflikt eines Dramas wird als Handlung auf einer Bühne durch Gespräche und Aktionen vorgeführt. Ein Drama ist in der Form des Dialogs (Gespräch zwischen zwei oder mehr Personen) geschrieben, die Gedanken werden in Monologen (Gespräch mit sich selbst) vorgetragen. Zusätzlich werden noch Regieanweisungen für die Schauspieler und das Bühnenbild angegeben.
Ein Drama richtet sich nicht an einen Leser oder Zuhörer, sondern an einen Zuschauer.

Akt

Dramen werden oft in mehrere Akte unterteilt. Der Akt oder auch Aufzug gliedert die Handlung des Dramas. Ein Drama wird oft in drei oder fünf Akte eingeteilt. Am Schluss eines Akts erfolgt meist ein spannender Höhepunkt, der das Interesse auf den nächsten Akt wecken soll. Manchmal wird in der Pause zwischen den Akten das Bühnenbild verändert.

Vielen Dramen liegt dieser Aufbau zu Grunde:
1. Akt = Einleitung: Die Personen werden vorgestellt.
2. Akt = Die Handlung kommt in Gang: Es entstehen Konflikte bzw. die Konflikte werden deutlich.
3. Akt = Höhepunkt der Konflikte: Das Schicksal des Helden entscheidet sich.
4. Akt = Verzögerung: Der Held wehrt sich gegen sein Schicksal oder eine Handlung, ein Geschehen verzögern das Ende.
5. Akt = Katastrophe bzw. Lösung des Spannungskonfliktes: Der Held ist siegreich oder er geht unter.

Szene

Ein Akt ist oftmals in mehrere Szenen unterteilt. Meistens werden Anfang und Ende einer Szene durch den Zugang oder Abgang von Personen bestimmt. Die Szene umfasst einen Zeitraum, während dem sich dieselben Personen auf der Bühne befinden.

Dramatische Formen

Klassisches Drama (aristotelisches Drama)

Die Regeln für ein klassisches Drama stellte der griechische Philosoph Aristoteles (384 – 322 v. Chr.) auf. Wichtig sind die Einheit des Ortes (es finden keine größeren Ortswechsel statt), die Einheit der Zeit (die gespielte Zeit ist weitestgehend gleich mit der Spielzeit) und die Einheit der Handlung (die Handlung wird gradlinig dargestellt). Durch diese Regeln sollte der Zuschauer mitfühlen und dadurch geläutert werden. In modernen, nicht aristotelischen Dramen werden diese Regeln oft gebrochen. Viele Tragödien und Komödien sind klassische Dramen.

Tragödie

In der Tragödie ist der Held einem übermächtigen Schicksal oder einem unausweichlichen Konflikt ausgeliefert. Die Tragödie endet für den Helden in einer Katastrophe.
Bekannte Tragödien sind: „Romeo und Julia" von William Shakespeare (1564–1616), „Emilia Galotti" von Gotthold Ephraim Lessing (1729–1789), „Faust" von Johann Wolfgang von Goethe (1749–1832).

Komödie

In einer Komödie geraten die Personen durch menschliche Schwächen in einen Konflikt, der jedoch glücklich gelöst werden kann. Das Lustspiel ist zudem gekennzeichnet durch Komik.
Bekannte Komödien sind: „Ein Sommernachtstraum" von William Shakespeare (1564–1616), „Der zerbrochene Krug" von Heinrich von Kleist (1777–1811), „Der Hauptmann von Köpenick" von Carl Zuckmayer (1896–1977).

Tragikomödie

In der Tragikomödie werden tragische und komödienhafte Elemente miteinander verschmolzen. Moderne Stücke werden wegen der Überzeichnung dieser Verbindung auch als Groteske bezeichnet.
Bekannte Tragikomödien sind „Leonce und Lena" von Georg Büchner (1813–1837), „Die Physiker" und „Der Besuch der alten Dame" von Friedrich Dürrenmatt (1921–1990).

Episches Theater

Das von Bertolt Brecht konzipierte epische Theater versteht sich als eine Alternative zum klassischen Theater. Der Zuschauer soll aus seiner passiven Haltung gerissen werden. Dazu soll er nicht mit den Personen auf der Bühne mitfühlen, sondern das Geschehen distanziert betrachten und über das Dargestellte nachdenken. Der Zuschauer soll so zu einer kritischen Haltung gelangen. Diese Haltung wird durch Verfremdungseffekte (V-Effekt) erzielt. Zu den V-Effekten zählen

beispielsweise die Unterbrechung des Stücks durch Songs oder ein karges Bühnenbild. Die Szenen des Stückes stehen oft für sich, das Schauspiel steuert nicht mehr direkt auf einen Höhepunkt, eine Katastrophe oder Lösung zu.
Bekannte Werke sind: „Herr Puntila und sein Knecht Matti", „Mutter Courage und ihre Kinder" von Bertolt Brecht (1898–1956), „Andorra" von Max Frisch (1911–1990).

Dokumentartheater

Beim Dokumentartheater werden die Bühnentexte aus realen Fakten und Dokumenten zusammengestellt. An dem originalen Wortlaut der Dokumente wird in der Regel nichts geändert oder zugefügt. An die Stelle einer fiktiven Geschichte tritt der geschichtlich vorgegebene Geschehensablauf.
Bekannte Werke sind: „Die Ermittlung" von Peter Weiss (1916–1982), „Der Stellvertreter" von Rolf Hochhuth (geb. 1931).

Absurdes Theater

Absurd ist etwas, was nicht mit der Erfahrung, der Erwartung und der Wirklichkeit übereinstimmt. Bezogen auf den Menschen bedeutet dies, dass sein Leben sinnlos ist. Im absurden Theater werden die Sinnlosigkeit des Lebens und der eigenen Identität auf die Bühne gebracht. Die Handlung wird auf ein Minimum reduziert, wegen des Absurden ist weder eine tragische noch eine komische Lösung des Stückes möglich. Stattdessen herrscht Ratlosigkeit.
Bekannte Stücke sind „Warten auf Godot" von Samuel Beckett (1906–1989), „Die Nashörner" von Eugène Ionesco (1909–1994).

Sketch

Ein Sketch ist eine überschaubare, kurze dramatische Szene mit meist witziger und überraschender Pointe. Berühmt sind beispielsweise die Sketche von Karl Valentin und Bully Herbig.

3 Fachbegriffe: Sachtexte

3.1 Formen der Sachtexte

Gebrauchs- und Sachtexte beziehen sich auf einen wirklichen Gegenstand oder realen Sachverhalt. Man nennt sie deshalb auch nicht fiktionale Texte. Sie werden mit einer bestimmten Absicht (Intention) in einer meistens sachlichen Sprache geschrieben. Sach- und Gebrauchstexte begegnen dir im Alltag, Schule und später im Beruf.

Sachtexte kannst du aufgrund ihrer Gestaltung unterscheiden. Zum einen findest du lineare Texte. Die linearen Texte werden als zusammenhängender Fließtext gedruckt, der nur durch Absätze oder Kapitel unterbrochen wird. Zu den linearen Texten gehören beispielsweise Sachbücher, Zeitungsberichte, Lexikonartikel, Aufsätze, Protokolle, Gesetze, Briefe …

Zum anderen begegnest du nicht linearen Texten. Das sind Grafiken, Fahrpläne, Diagramme, Tabellen, Statistiken …

Sachtexte kannst du außerdem hinsichtlich ihrer Intention unterscheiden. So wollen darstellende, informierende und instruierende Sachtexte Wissen und Kenntnisse vermitteln. Zu Ihnen gehören beispielsweise Sachbücher, Zeitungsberichte, Berichte, Reportagen, Lexikonartikel, Protokolle, Gebrauchsanweisungen, aber auch Lebensläufe.

Argumentierende und appellative Sachtexte wollen dich von ihrer Meinung überzeugen. Zu ihnen zählen politische Reden, Kommentare, Leserbriefe, Glossen, Werbeanzeigen, Essays, aber auch Bewerbungsschreiben.

Schließlich bist du von zahlreichen regulativen Sachtexten umgeben, die dir ein bestimmtes Verhalten und Handeln vorschreiben. Zu ihnen gehören Gesetzestexte, Schulordnungen, Straßenschilder, Verträge …

3.2 Journalistische Textformen

Viele verschiedene Sachtexte kannst du in Zeitungen und Zeitschriften lesen. Um die jeweiligen Intentionen der journalistischen Textformen (Textsorten) zu erkennen, solltest du sie unterscheiden können.

Nachricht

Unter dem Begriff Nachricht werden die Meldung und der Bericht zusammengefasst. Nachricht ist der umfassende Begriff für eine Sachinformation. Eine Nachricht wird sachlich, nüchtern und wertfrei geschrieben. Sie schildert das Geschehene oder kündigt zukünftige Ereignisse an. Sie steht im Präteritum.

Meldung

Die Meldung ist eine knappe Notiz zu einem Ereignis, eine kurze Nachricht. Eine Meldung enthält in kurzer Form die wichtigsten Informationen. In der Regel werden die sieben W-Fragen beantwortet:

- Was ist passiert?
- Wer ist beteiligt?
- Wann ist es geschehen?
- Wo hat sich das Ereignis zugetragen?
- Wie ist es geschehen?
- Warum ist es passiert?
- Welche Quelle gibt es für die Information?

Bericht

Der Bericht schildert ausführlicher als eine Meldung Tatsachen, Ereignisse und deren Verlauf. Im fettgedruckten Vorspann (Lead) werden die wichtigsten Informationen zusammengefasst. Der Vorspann beantwortet meistens die wichtigsten W-Fragen (Wer? Was? Wann? Wo?), auf die anderen W-Fragen wird danach eingegangen. Der Bericht verzichtet auf die persönliche Meinung des Verfassers, bietet aber Hintergrundinformationen und zeigt Zusammenhänge auf. Der Bericht steht im Präteritum.

Interview

Im Interview wird das Gespräch einer Person oder Personengruppe mit einem Reporter wiedergegeben. Abgedruckt werden die Fragen des Journalisten und die Antworten des Interviewpartners, die den Großteil des Interviews ausmachen. Das Interview wird wortgetreu abgedruckt, allerdings werden umgangssprachliche Ausdrücke, Versprecher, Füllwörter und Pausen nicht übernommen.

Kommentar

In einem Kommentar nimmt ein Redakteur zu wichtigen und aktuellen Nachrichten Stellung. Er ordnet das Ereignis ein, liefert Argumente für seine Sicht und endet mit einer deutlichen Schlussfolgerung. Der Redakteur will zur kritischen Auseinandersetzung mit dem Thema anregen. Nachrichten und Kommentare werden in den Zeitungen getrennt abgedruckt.

Glosse

Eine Glosse ist ein kurzer, unterhaltsamer und kommentierender Text. Sie wird meist aus einem aktuellen Anlass geschrieben. Eine Glosse informiert zum einen über ein Ereignis und macht sich zum anderen auch darüber lustig. Daher finden sich in Glossen häufig ironische Formulierungen, sprachliche Bilder und Wortspiele.

Leserbrief

In einem Leserbrief kann der Leser der Zeitung seine Meinung zu einer Nachricht oder einem Ereignis äußern. In der Regel folgt nach einer kurzen Darstellung des Sachverhalts der Kommentar. Leserbriefe sind wichtig für die öffentliche Meinungsbildung und Diskussion.

Rezension

Eine Rezension ist eine Kritik eines kulturellen Ereignisses, wie die Premiere eines Filmes oder das Erscheinen eines Buches. Der Redakteur fasst den Inhalt des Films oder Buchs kurz zusammen und bewertet ihn nach seiner persönlichen Einschätzung positiv oder negativ.

Reportage

Der Reporter schildert ein Ereignis aus seiner persönlichen Sicht. Er will informieren, zugleich aber das Geschehen möglichst anschaulich beschreiben. Außerdem liefert er weitere Informationen, die Zusammenhänge deutlich machen sollen. Zusätzlich lässt der Reporter die Beteiligten zu Wort kommen, bewertet die Ereignisse, wählt packende und anschauliche Wörter. Der Reporter schildert seine Gefühle, wie Freude oder Ärger, und Sinneseindrücke. Er führt den Leser mitten in das Geschehen hinein. Die Reportage ist eine Mischung aus Bericht mit Hintergrundinformationen und Kommentar.

3.3 Werbetexte

Werbung ist überall. Werbetexte findest du in Zeitschriften, auf Plakaten und Aufrufen. Fast alle Medien sind auf Werbung angewiesen, weil sie sich durch die Einnahmen aus den Werbeverträgen finanzieren.
Werbung hat eindeutige Ziele. Sie will entweder ein bestimmtes Produkt verkaufen, Anhänger für gesellschaftliche Gruppierungen, politische Parteien und Ideen gewinnen oder Menschen zu einem bestimmten Verhalten bewegen. Dabei werden von der Werbung oft Gefühle, Träume, Sehnsüchte angesprochen, die ohne Bezug zu dem Produkt sind. Daher verspricht die Werbung nicht nur ein gutes Auto, Handy, Shampoo, Fernsehprogramm, sondern darüber hinaus auch Freiheit, Abenteuer, Anerkennung, Schönheit, Spannung …
Werbung muss auf sich aufmerksam machen. Wird die Werbung nicht wahrgenommen, verpufft ihre Botschaft. Die Werbung führt nicht zum Ziel. Damit eine Werbung erfolgreich ist, wird oft eine Werbestrategie nach der AIDA-Formel verfolgt:

- A = *Attention* (Aufmerksamkeit)
  Die Werbung muss die Aufmerksamkeit des Betrachters auf sich ziehen. Dieses geschieht durch die Formulierung des Werbetextes und durch eine entsprechende optische Gestaltung mit ausgewählten Fotos, Farben, Bilder, Überschriften.
- I = *Interest* (Interesse)
  Durch die Werbung soll die Neugier und das Interesse an dem Produkt geweckt werden. Dieses geschieht oft durch einen Werbespruch (Slogan), durch eine direkte Ansprache an den Leser, durch rhetorische Fragen oder Ähnlichem.
- D = *Desire* (Wunsch)
  Ist erst mal das Interesse an dem Produkt oder der Idee vorhanden, soll der Betrachter den Wunsch verspüren, das Produkt zu besitzen oder etwas gemäß der Werbung zu tun. Es müssen also alle Vorteile des Produkts oder der Idee hervorgehoben und verdeutlicht werden.
- A = *Action* (Handlung)
  Bleibt schließlich noch der Kauf oder die Annahme der Idee. Wenn diese abschließende Handlung des Betrachters nicht geschieht, ist die Werbung erfolglos. Deshalb ruft die Werbung immer dazu auf, im Sinne der Werbung zu handeln.

Wenn du eine Werbung analysierst, orientiere dich an der Sachtextanalyse und an der Umsetzung der AIDA-Formel in der Werbung.

4 Fachbegriffe: Stilmittel

In literarischen Texten, aber auch in Sachtexten, werden oft sprachliche Mittel (z. B. Sprachformen, Sprachbilder, Zeitformen) verwendet, um beim Leser oder Hörer bestimmte Wirkungen zu erzielen. Dazu gehören auch Stilmittel (stilistische Mittel), mit denen Textaussagen wirkungsvoll hervorgehoben werden können. Um zu erkennen, wie jemand versucht, seine Aussagen mit Stilmitteln zu untermauern, aber auch um deine eigenen Texte gut zu gestalten, solltest du einige Stilmitteln kennen und einsetzen können. Achte darauf, dass in einem Satz oder Vers durchaus mehrere Stilmittel vorkommen können. Die wichtigsten werden dir im Folgenden genannt.

Bezeichnung	Erläuterung	Beispiel	Mögliche Wirkung
Akkumulation, die	Reihung von Begriffen	Und es wallet und siedet und brauset und zischt	Betonung; Dramatisierung
Alliteration, die	Wiederholung von gleichen Anfangskonsonanten bei aufeinanderfolgenden Wörtern	Milch macht müde Männer munter; Kind und Kegel; Wahre Wunder werden wirklich.	Wörter prägen sich ein, werden besonders betont; emotionale Verstärkung des gewünschten Ausdrucks
Anapher, die	Wiederholung gleicher Wörter oder derselben Wortgruppe an Vers- oder Satzanfängen	Hätte sie Gedanken, wie ich denke, Hätte sie Gefühl, wie ich empfinde, Würde sie den Morgen nicht erwarten, Würde schon in dieser Stunde kommen.	Wörter prägen sich ein; Betonung; emotionale Verstärkung des gewünschten Ausdrucks
Anrede, die	Hinwendung zu den Adressaten durch direkte Ansprache	Meine sehr geehrten Damen und Herren!	Aufmerksamkeit

Bezeichnung	Erläuterung	Beispiel	Mögliche Wirkung
Antithese, die	Entgegenstellung von Gedanken oder Begriffen	Was dieser heute baut, reißt jener morgen ein. Lieb und Leid.	Betonung des Gegensatzes; Anreiz zum Nachdenken
Chiasmus, der	Überkreuzstellung von ähnlichen Satzstrukturen	Freust du dich deines Lebens, auch ich hab mich des Lebens gefreut.	Intensivierung; Betonung
Dreierfigur, die	dreifache Wiederholung von gleichen Wortarten oder Satzteilen	Ich kam, ich sah, ich siegte. Spiel, Spaß, Spannung.	Verstärkung und Betonung
Ellipse, die	unvollständiger Satz, der aber leicht zu ergänzen ist	Je eher, desto besser. Endlich geschafft!	Betonung; Wichtiges wird hervorgehoben
Epipher, die	Wiederholung gleicher Wörter oder derselben Wortgruppe an Vers- oder Satzenden	Sie sprach zu ihm, sie sang zu ihm. Immer hofft ich, deinen Schritt zu hören, Immer glaubt ich, deinen Tritt zu hören.	Wörter prägen sich ein, werden besonders betont; emotionale Verstärkung des gewünschten Ausdrucks
Euphemismus, der	verhüllende Umschreibung; beschönigt, entlastet	Heimgang für Tod; Vorwärtsverteidigung für Angriff.	taktisches Sprechen; Abmilderung von negativen Botschaften
Hochwertwort, das	ein besonders positiv bewertendes Adjektiv, Nomen etc.	das ultimative Tanzvergnügen; das weißeste Weiß.	Betonung; Veranschaulichung
Hyperbel, die	starke Unter- oder Übertreibung	Es ist zum Haareausraufen! Ein Meer von Tränen. Himmelhochjauchzend.	Dramatisierung; starke Veranschaulichung

Bezeichnung	Erläuterung	Beispiel	Mögliche Wirkung
Inversion, die	Umstellung des üblichen Satzbaus	Schwer ist aller Anfang.	Betonung bestimmter Wörter
Ironie, die	Äußerung, die durchblicken lässt, dass das Gegenteil gemeint ist	Das hast du ja ganz toll hinbekommen! Du bist vielleicht ein netter Freund!	Herabsetzung; (indirekte) Kritik
Klimax, die	Steigerung; meist dreigliedrig	Ich kam, sah und siegte. Gut, besser, am besten.	Dramatisierung
Metapher, die	verkürzter, bildhafter Vergleich, Verwendung eines Wortes in übertragener Bedeutung	Geldwäsche, Glühbirne, Wasserhahn, Feuer der Liebe, Bücher verschlingen.	Veranschaulichung
Neologismus, der	Wortneuschöpfung	Kaufrausch, Berufsjugendlicher, Flüster-Geschirrspüler.	Hervorhebung
Paradoxon, das	Zusammenstellung von Wörtern mit scheinbarem Widerspruch	Bittersüß, das Leben ist der Tod.	starker Anreiz zum Nachdenken
Parallelismus, der	Wiederholung gleicher syntaktischer Strukturen	Ein Blitz leuchtete, der Donner folgte, ein Gewitter setzte ein. Und Welle auf Welle zerrinnet, Und Stunde an Stunde entrinnet.	Dramatisierung; Intensivierung
Parenthese, die	Einschub einer Wortgruppe in einen Satz	Wir sollten uns – und das meine ich ernst – endlich an die Arbeit machen.	Betonung; Zeichen einer inneren Beteiligung; Kommentar

Bezeichnung	Erläuterung	Beispiel	Mögliche Wirkung
Personifikation, die	Vermenschlichung; Gegenstände oder Tiere erhalten die Eigenschaften oder Fähigkeiten von Menschen	Die Sonne lacht. Der Mond scheint. Mutter Natur, Vater Staat.	lebendige Darstellung; Veranschaulichung
Phrase, die	(wortreiches) leeres Gerede	... oder so ... ... ich sag mal ...	Verzögerung
Pointe, die	Höhe- und Schlusspunkt einer Anekdote, Glosse, eines Witzes	Orthogravieh – das sieht man hier – Ist nicht leicht für Mensch und Tier!	Überraschung, Komik
Rhetorische Frage, die	scheinbare Frage, deren Antwort die Leser und Zuhörer kennen, da ihr Einverständnis vorausgesetzt wird	Wer ist schon perfekt? Wer glaubt denn das noch? Was wollt ihr denn?	Mobilisierung einer bestätigenden Reaktion des Lesers oder Zuhörers
Sprachliches Bild, das	Oberbegriff für → Metapher und → Vergleich		
Symbol, das	Zeichen, das auf einen höheren und abstrakteren Bereich verweist	weiße Taube für Frieden; rote Rose für Liebe; Kreuz für Tod oder Christentum.	Veranschaulichung
Vergleich, der	Verknüpfung zweier Begriffe mit wie	Der Kämpfer ist stark wie ein Löwe. Still wie eine Maus.	anschauliche Darstellung
Wortspiel, das	Ausnutzung von sprachlicher Vieldeutigkeit	Lieber arm dran als Arm ab; Zeit heilt alle Wunder.	Komik; Anreiz zum Nachdenken

5 Fachbegriffe: Grammatik

5.1 Funktionen der Sprache

Sprache wird aus den unterschiedlichsten Gründen verwendet. Vor allen Dingen verständigst du dich mit Sprache, wenn du zu jemandem sprichst (mündlich) oder jemandem schreibst (schriftlich).
Mit deiner Sprache denkst du. Da jeder die Sprache anders benutzt, ist sie zugleich ein Zeichen deines persönlichen Ausdrucks.
Schließlich speicherst du dein Wissen sprachlich, indem du dir etwas Gehörtes oder Gelesenes merkst oder aufschreibst.
Die Sprache ermöglicht dir, dich auf die Gegenwart und die Vergangenheit zu beziehen und über eine mögliche Zukunft zu sprechen.
Wenn du zu jemandem sprichst, sagst du meist Verschiedenes gleichzeitig. Denn jede Äußerung hat verschiedene Funktionen. Nehmen wir an, du siehst, dass es in deiner Nähe brennt und du rufst „Feuer". Dann übernimmt deine Nachricht folgende Funktionen:

Funktion	Gesendete Nachricht	Empfangene Nachricht
Informationsfunktion/ Darstellungsfunktion: Du informierst über einen Sachverhalt.	Es brennt.	Es brennt.
Appellfunktion/ Regulierungsfunktion: Du appellierst an deinen Empfänger, etwas zu tun. Du regulierst die Situation mit deinen Mitmenschen.	Hol Hilfe! Fang an zu löschen!	Ich soll Hilfe holen. Ich soll anfangen zu löschen.
Ausdrucksfunktion/ Selbstoffenbarungsfunktion: Du zeigst deine Gefühle.	Ich habe Angst.	Er hat Angst.
Beziehungsfunktion: Du gibst zu erkennen, was du von dem Empfänger deiner Nachricht hältst.	Du bist mir wichtig. Pass auf dich auf. Oder: Du bist dumm, weil du das Feuer nicht gesehen hast.	Er ist um mich besorgt. Oder: Er hält mich für dumm.

Wegen der Gleichzeitigkeit der verschiedenen Funktionen kann es leicht zu Missverständnissen kommen.

5.2 Sprachformen

Deutsch ist nicht gleich Deutsch. In der deutschen Sprachgemeinschaft werden mehrere Sprachformen unterschieden.

Schriftsprache und Standardsprache

Die Schriftsprache oder Standardsprache, früher Hochsprache, ist eine überregionale Sprachform, die von allen deutschen Sprechern verstanden, aber nicht von allen gesprochen wird. Die Standardsprache wird in der Öffentlichkeit, der Schule, Literatur, Wissenschaft und den Medien benutzt. Die Standardsprache ist zugleich unsere Schriftsprache.

Umgangssprache

Die Umgangssprache wird im Alltag gesprochen. Sie ist oft eine Mischung aus der Standardsprache und anderen Sprachformen. Eine mündliche Sprachform ist der Dialekt. Dialekte sind die Sprache einer Gegend oder eines Ortes (z. B. Ruhrdeutsch, Rheinisch, Bayerisch, Friesisch, Schwäbisch, Sächsisch, Berlinerisch usw.). Dialekte unterscheiden sich vom Standarddeutschen durch eine eigene Aussprache, eigene Wörter und eine abweichende Grammatik. Oft werden dialektale Einfärbungen mit der Standardsprache vermischt. Reiner Dialekt wird nur selten gesprochen.

Des Weiteren gibt es Szenesprachen und Jugendsprachen. Sie werden vor allem von Jugendlichen gesprochen, die sich so von den Erwachsenen und anderen Jugendgruppen abgrenzen.

Zur Umgangssprache gehören auch die nachlässig verwendeten, niederen Sprachformen Slang und Jargon mit derben Ausdrücken. In der Schriftsprache wird die Umgangssprache vermieden.

Fachsprache und Fremdwörter

Auf der Arbeit, beim Sport, in den Wissenschaften und in vielen anderen Bereichen verständigen sich Experten in ihrer jeweiligen Fachsprache. Fachwörter sind zumeist genau definiert, und ermöglichen deshalb im jeweiligen Fach unmissverständliche Äußerungen, z. B. Fußball: *passives Abseits*, Mode: *Jackett*, Verkehr: *Omnibus* … Viele Fachwörter sind Fremdwörter, die aus anderen Sprachen, oft aus dem Griechischen, Lateinischen und Englischen, ins Deutsche eingewandert sind. Fremdwörter unterscheiden durch die Orthographie und Aussprache von deutschen Wörtern. Viele Fremdwörter sind so heimisch, dass sie nicht mehr als Fremdwort zu erkennen sind.

5.3 Wortbedeutung und Wortbildung

Wortfelder

Zu einem Wortfeld gehören Wörter und Redewendungen, die etwas Ähnliches bedeuten. Zum Wortfeld „sprechen“ gehören zum Beispiel *rufen, flüstern, erwidern, laut zur Sprache bringen, sagen, Bericht erstatten, befehlen, brüllen, jammern, ...*
Die Wörter eines Wortfelds können unterschiedlichen Wortarten angehören. Die Wörter, die zu einem Wortfeld gehören, nennt man Synonyme. Viele Synonyme sind zwar bedeutungsähnlich, aber nicht immer bedeutungsgleich. Es ist ein Unterschied, ob du *Geld* oder *Moos, Kies, Piepen* sagst. Je mehr Wörter eines Wortfeldes du kennst, desto genauer und abwechslungsreicher kannst du dich ausdrücken.
Das Gegenteil eines Synonyms ist das Antonym (Gegensatzwort), z. B. *gut – schlecht, jung – alt.*
Wörter, die wie *Kiefer* (= Baumart oder Knochen im Schädel) gleich lauten, gehören nicht dem identischen Wortfeld an. Diese „Teekesselwörter“ nennt man Homonyme.

Wortfamilien

Wörter bilden eine Familie, wenn sie den gleichen Wortstamm haben. Bei dem Wort *fahren* ist der Stamm *fahr*. Das ist auch schon die einzige Gemeinsamkeit. Die Mitglieder einer Wortfamilie bestehen aus verschiedenen Wortarten und können unterschiedliche Bedeutungen haben: *fahren, auffahren, abgefahren, gefährlich, fahrlässig, Fuhre, Fährte, Gefährte, Gefahr, Fahrzeugbrief, Fähre.* Das Zusammenstellen von Wortfamilien hilft dir aber bei der Rechtschreibung, da die Wörter einer Wortfamilie im Wortstamm gleich geschrieben werden. Wird also ein Wortstamm mit *h* geschrieben, schreibst du alle verwandten Wörter mit *h*. Allerdings kann bei unregelmäßigen Verben der Stammvokal wechseln: *essen – iss – aß.*

Wortbildung

Du kannst neue Wörter bilden, indem du ein Wort mit anderen Wörtern oder Wortbausteinen zusammensetzt. Bei einer solchen Komposition besteht der erste Teil aus dem Bestimmungswort, der zweite aus dem Grundwort: *Fuß + Ball = Fußball.* Das Grundwort entscheidet über die Wortart und damit über die Groß- und Kleinschreibung: *Farbkasten*, aber *farbenfroh.*

Ableitungen

Diese entstehen durch die Verbindung von Präfix (Vorsilbe) und Wortstamm *ver + lauf = Verlauf* oder durch die Verbindung eines Wortstammes mit einem Suffix (Nachsilbe) *les + ung = Lesung.*

5.4 Wortarten

Wörter lassen sich nach ihrer Form bestimmen und einteilen. Grundsätzlich unterscheidet man dabei zwei große Gruppen von Wortarten: Es gibt flektierbare Wörter, das sind Wörter, die du veränderst, wenn du sie benutzt: Nomen, Artikel, Pronomen, Adjektiv, Verb. Unflektierbare Wörter sind Wörter, die du nicht verändern kannst: Adverb, Konjunktion, Präposition und die „restlichen Wörter" wie *überhaupt, sogar*.

Nomen/Substantive

Mit Nomen bzw. Substantiven bezeichnest du Personen (*Jannik, Svenja, der Lehrer, die Mutter*), Orte (*das Dorf, das Paradies, Oldenburg, Düsseldorf*), Gegenstände (*das Buch, der Stift*), Lebewesen (*der Hai, die Erle*), Gedachtes und Gefühltes (*die Freiheit, die Liebe, die Sorge*).
Jedes Nomen hat ein grammatisches Geschlecht (Genus): Maskulinum (*der Mann*), Femininum (*die Frau*) oder Neutrum (*das Kind*). Das Genus muss mit dem wirklichen Geschlecht nicht übereinstimmen (*das Mädchen*).
Die meisten Nomen kommen in der Einzahl (Singular) und in der Mehrzahl (Plural) vor.
Wenn du ein Nomen im Satz verwendest, gehört es immer einem der vier Fälle (Kasus) an. Die Veränderung eines Kasus nennt man Deklination.

<u>Singular</u>			
1. Nominativ	der Mann	die Frau	das Kind
2. Genitiv	des Mannes	der Frau	des Kindes
3. Dativ	dem Mann	der Frau	dem Kind
4. Akkusativ	den Mann	die Frau	das Kind
<u>Plural</u>			
1. Nominativ	die Männer	die Frauen	die Kinder
2. Genitiv	der Männer	der Frauen	der Kinder
3. Dativ	den Männern	den Frauen	den Kindern
4. Akkusativ	die Männer	die Frauen	die Kinder

Nomen werden immer großgeschrieben. Beachte, dass in einem Satz Wörter Nomen sein können, die in einem anderen Zusammenhang zu einer anderen Wortart gehören.
Wir gehen <u>schwimmen</u> (Verb). *Das <u>Schwimmen</u> macht mir Spaß.*
Das Wasser ist <u>blau</u>. (Adjektiv). *Das <u>Blau</u> des Wassers gefällt mir.*

Artikel

In der deutschen Sprache unterscheidet man bestimmte (*der, die, das*) und unbestimmte (*ein, eine, ein*) Artikel. Der Artikel ist der Begleiter des Nomens. Wenn du einen Text schreibst, verbindest du mit einem unbestimmten Artikel ein Nomen, wenn es zum ersten Mal erwähnt wird. Ein unbestimmter Artikel verweist auf etwas Unbekanntes. Einen bestimmten Artikel erhält ein Nomen dann, wenn das Nomen schon mal genannt wurde.

Ich betrete ein Haus. Das Haus steht in der Hauptstraße.

Des Weiteren zeigt der Artikel das Genus des Nomens an. Der Artikel wird mit dem Nomen in den Singular und Plural und in die einzelnen Fälle gesetzt.

Alle Wörter können zu Nomen werden, wenn sie einen Artikel bekommen: *Im Viertelfinale kam für den FC das Aus.*

Pronomen

Pronomen sind Wörter, die für Nomen stehen. Wenn du Pronomen verwendest, brauchst du in einem Text die Nomen nicht ständig zu wiederholen:

Es werden folgende Arten von Pronomen unterschieden:

1. Personalpronomen (persönliche Fürwörter), sie greifen im Text das zuvor Erwähnte auf oder bezeichnen die sprechende oder angesprochene Person (Anredepronomen): *ich, du, er, sie, es, wir, ihr, sie;* die flektierten Formen: *mir, mich, uns, euch …*
2. Possessivpronomen (besitzanzeigende Fürwörter), sie drücken die Zugehörigkeit des Nomens zum Sprecher (*mein Buch*) oder Adressaten (*dein Heft*) aus: *mein, dein, sein, ihr, unser, euer …*
3. Relativpronomen (verbindende Fürwörter), sie leiten Relativsätze ein und beziehen sich auf ein Nomen oder Pronomen im vorausgehenden Satz: *der, die, das, welcher, welche, welches …*
4. Demonstrativpronomen (hinweisende Fürwörter), sie weisen auf etwas hin, das schon bekannt ist oder näher bestimmt werden soll: *dieser, jener, derjenige …*
5. Interrogativpronomen (Fragefürwörter), sie leiten eine Frage nach etwas Bestimmten ein: *welcher, wann, wer, was, wie, wo …*
6. Indefinitpronomen (unbestimmte Fürwörter), sie bezeichnen eine unbestimmte Menge von Personen, Gegenständen: *man, etwas, alle, kein, nichts, einige, jeder, jemand, mancher, mehrere, irgendein …*
7. Reflexivpronomen (rückbezügliche Fürwörter), sie beziehen sich auf das Subjekt des Satzes und übernehmen die Stelle eines Akkusativ- oder Dativobjekts: *ich → mich, du → dich, er → sich, wir → uns, ihr → euch …*

Adjektiv

Mit Adjektiven beschreibst du Lebewesen, Gegenstände, Gedanken oder Ereignisse. Im Satz kommen Adjektive als adverbiale Bestimmung (*schmeckt gut*) und als Attribut (*hoher Berg*) vor. Wenn ein Adjektiv vor einem Nomen steht, bezeichnet es das Nomen näher und übernimmt den Fall des Nomens. Adjektive gehören zu den Wörtern, die man deklinieren kann:

Singular			
1. Nominativ	der große Ast	die emsige Maus	das rote Auto
2. Genitiv	des großen Astes	der emsigen Maus	des roten Autos
3. Dativ	dem großen Ast	der emsigen Maus	dem roten Auto
4. Akkusativ	den großen Ast	die emsige Maus	das rote Auto
Plural			
1. Nominativ	die großen Äste	die emsigen Mäuse	die roten Autos
2. Genitiv	der großen Äste	der emsigen Mäuse	der roten Autos
3. Dativ	den großen Ästen	den emsigen Mäusen	den roten Autos
4. Akkusativ	die großen Äste	die emsigen Mäuse	die roten Autos

Viele Adjektive lassen sich steigern:

Positiv (Grundform)	*schlecht*	*gut*
Komparativ (Vergleichsform)	*schlechter*	*besser*
Superlativ (Höchstform)	*am schlechtesten*	*am besten*

Adjektive, die bereits das Höchste oder Niedrigste bezeichnen, lassen sich nicht steigern: *einzig, voll, leer, total, erstklassig, maximal, minimal, optimal …*
Du kannst mithilfe von Adjektiven Vergleiche ziehen.
Vergleiche mit dem Positiv bildest du mit „wie“: *Ich bin so schnell wie er.* Das Verglichene ist immer gleichwertig.
Vergleiche mit dem Komparativ bildest du mit „als“: *Ich bin schneller als er.* Das Verglichene ist immer unterschiedlich.
Wörter anderer Wortarten werden zu Adjektiven, wenn sie eine Adjektiv-Endung erhalten:
-lich: *freundlich, herzlich, schrecklich …*
-isch: *tierisch, englisch, kindisch …*
-ig: *traurig, neblig, witzig …*
-bar: *wunderbar, tragbar, verletzbar…*

Verb

Mit Verben bezeichnest du Aktionen und Handlungen (*gehen, fliegen, schreiben*), geistige Bedingungen (*träumen, denken, fühlen, meinen*) und Zustände (*sein, werden*). Im Wörterbuch findest du ein Verb im Infinitiv (Grundform).
In Sätzen verwendet, bildet das Verb das Prädikat und informiert dich unter anderem über die

- Person (Personalform: *ich, du, er/sie/es, wir, ihr, sie*),
- Zahl (Numerus: Singular oder Plural),
- Zeit, Tempus (Vergangenheit, Gegenwart, Zukunft),
- Handlungsform (Aktiv, Passiv),
- Aussageweise, Modus (Indikativ, Konjunktiv, Imperativ).

Vollverben, wie *schlafen, essen, laufen* können allein das Prädikat bilden. Hilfsverben wie *sein* (*ich bin, war, gewesen*), *haben* (*ich habe, hatte, gehabt*) und *werden* (*ich werde, wurde, geworden*) gebrauchst du vor allem zur Bildung der Zeitformen.

Wenn du Verben in den verschiedenen Formen veränderst, nennt man das Beugung (Konjugation). Die meisten Verben werden regelmäßig konjugiert: *kaufen, kaufte, gekauft – lachen, lachte, gelacht.*
Viele der häufig gebrauchten Verben werden aber unregelmäßig konjugiert, und man muss die einzelnen Formen für jedes Verb lernen: *denken, dachte, gedacht – gelingen, gelang, gelungen.*

Die Modalverben *können, wollen, sollen, dürfen, mögen, müssen* bilden zusammen mit dem Infinitiv eines anderen Verbs das Prädikat. Mit Modalverben lassen sich Hintergründe einbeziehen, beispielsweise ob etwas erlaubt ist (*du darfst etwas essen*), ob man zu etwas verpflichtet wird (*du sollst etwas essen, du musst etwas essen*), oder ob man zu etwas auffordert (*du kannst essen*) oder sich etwas wünscht (*ich möchte etwas essen*).

Verben haben zwei Formen von Partizipien: das Partizip I im Präsens (*schlafend*) und das Partizip II im Perfekt (*ich habe geschlafen*). Du kannst mit den Partizipien Attribute bilden: *ein schwitzender Sportler, ein gelungener Abend, ein reduzierter Preis.*

Mit der Befehlsform (Imperativ) drückst du eine Aufforderung oder ein Verbot aus. Den Imperativ leitest du von der 2. Person Singular ab:
Du lebst → leb(e), du rechnest → rechne, du atmest → atme, du fängst → fang.
Die wichtigsten Verben mit einem besonderen Imperativ sind: *brich, gib, iss, lies, miss, nimm, sieh, sitz, sprich, triff, vergiss, wirf.*

Zeitformen

Mit Verben lassen sich sechs Zeitformen bilden. Diese Zeitformen beziehen sich auf die Zeiten, mit denen wir leben: Gegenwart, Vergangenheit und Zukunft.

Präsens

Das Präsens richtet sich meistens auf die Gegenwart des Sprechers: *Ich male gerade ein Bild.*
Es kann auf die Vergangenheit verweisen: *Seit drei Jahren male ich an dem Bild und gestern bekleckse ich den Tisch mit Farbe.*
Es kann auf die Zukunft verweisen: *Morgen zeige ich dir mein Bild.*
Mit dem Präsens kannst du Allgemeingültiges wiedergeben: *Meine Bilder sind die schönsten.*
Manche Erzähler wechseln vom Präteritum ins Präsens, um die Spannung zu erhöhen. Inhaltsangaben, Beschreibungen und Protokolle schreibst du im Präsens.
So bildest du das Präsens:

Infinitiv	kommen	kaufen	wissen
Person/Singular 1. ich 2. du 3. er/sie/es	 komme kommst kommt	 kaufe kaufst kauft	 weiß weißt weiß
Person/Plural 1. wir 2. ihr 3. sie	 kommen kommt kommen	 kaufen kauft kaufen	 wissen wisst wissen

Präteritum

Das Präteritum verweist auf die Vergangenheit. Es ist typisch für das schriftliche Erzählen, für Berichte und kann auch bei Protokollen angewendet werden.

Infinitiv	kommen	kaufen	wissen
Person/Singular 1. ich 2. du 3. er/sie/es	 kam kamst kam	 kaufte kauftest kaufte	 wusste wusstest wusste
Person/Plural 1. wir 2. ihr 3. sie	 kamen kamt kamen	 kauften kauftet kauften	 wussten wusstet wussten

Perfekt

Das Perfekt drückt die Vergangenheit aus und wird vor allem im Mündlichen verwendet: *Ich habe verschlafen.*
Du bildest das Perfekt mit einer Form von *haben* (Präsens) oder *sein* (Präsens) + Partizip II:

Infinitiv	kommen	kaufen	wissen
Person/Singular 1. ich 2. du 3. er/sie/es	 bin gekommen bist gekommen ist gekommen	 habe gekauft hast gekauft hat gekauft	 habe gewusst hast gewusst hat gewusst
Person/Plural 1. wir 2. ihr 3. sie	 sind gekommen seid gekommen sind gekommen	 haben gekauft habt gekauft haben gekauft	 haben gewusst habt gewusst haben gewusst

Plusquamperfekt

Diese Zeitform drückt ein Geschehen aus, das vor einem anderen Ereignis in der Vergangenheit liegt. Häufig tritt es in Nebensätzen auf, die mit *nachdem* oder *als* beginnen: *Nachdem ich gegessen hatte, räumte ich den Tisch ab.*
Du bildest das Plusquamperfekt mit einer Form von *haben* (Präteritum) oder *sein* (Präteritum) + Partizip II:

Infinitiv	kommen	kaufen	wissen
Person/Singular 1. ich 2. du 3. er/sie/es	 war gekommen warst gekommen war gekommen	 hatte gekauft hattest gekauft hatte gekauft	 hatte gewusst hattest gewusst hatte gewusst
Person/Plural 1. wir 2. ihr 3. sie	 waren gekommen wart gekommen waren gekommen	 hatten gekauft hattet gekauft hatten gekauft	 hatten gewusst hattet gewusst hatten gewusst

Futur I

Mit dem Futur I sprichst du an, was erst in der Zukunft passiert: *Ich werde lange ausschlafen.*
Oft gebraucht man in solchen Fällen aber das Präsens: *Ich schlafe morgen aus!*
Das Futur I bildest aus einer Form von *werden* + Infinitiv:

Infinitiv	kommen	kaufen	wissen
Person/Singular 1. ich werde 2. du wirst 3. er/sie/es wird	 kommen kommen kommen	 kaufen kaufen kaufen	 wissen wissen wissen
Person/Plural 1. wir werden 2. ihr werdet 3. sie werden	 kommen kommen kommen	 kaufen kaufen kaufen	 wissen wissen wissen

Futur II

Mit dem Futur II drückst du etwas aus, das dich in der Zukunft erwarten wird und dann schon abgeschlossen ist: *Nächstes Jahr werde ich meinen Führerschein gemacht haben.*
Das Futur II wird nur selten verwendet. Du bildest das Futur II aus einer Form von *werden* + Partizip II + *haben* oder *sein*:

Infinitiv	kommen	kaufen	wissen
Person/Singular 1. ich werde 2. du wirst 3. er/sie/es wird	 gekommen sein gekommen sein gekommen sein	 gekauft haben gekauft haben gekauft haben	 gewusst haben gewusst haben gewusst haben
Person/Plural 1. wir werden 2. ihr werdet 3. sie werden	 gekommen sein gekommen sein gekommen sein	 gekauft haben gekauft haben gekauft haben	 gewusst haben gewusst haben gewusst haben

Konjunktiv I

Die direkte Rede steht meistens im Indikativ: *Er sagte: „Ich komme zu spät."*
Wenn du nicht wörtlich wiedergeben willst, was andere gesagt haben, verwendest du die indirekte Rede. Du kannst dazu einen dass-Satz gebrauchen: *Er sagte, dass er zu spät kommt.*
Eine andere Möglichkeit ist, den Indikativ (*ich komme*) in den Konjunktiv I zu setzen: *Er sagte, er komme zu spät.*
Die Formen des Konjunktivs I werden von den Indikativ-Präsensformen der Verben abgeleitet:

Infinitiv	kommen	kaufen	wissen
Person/Singular 1. ich 2. du 3. er/sie/es	 (komme) käme* kommest komme	 (kaufe) kaufte* kaufest kaufe	 wisse wissest wisse
Person/Plural 1. wir 2. ihr 3. sie	 (kommen) kämen* kommet (kommen) kämen*	 (kaufen) kauften* kaufet (kaufen) kauften*	 (wissen) wüssten* wisset (wissen) wüssten*

*Wenn sich der Konjunktiv I nicht vom Indikativ unterscheidet, nimmst du als Ersatzform den Konjunktiv II.

Um die direkte Rede im Perfekt oder Präteritum in indirekte Rede zu verwandeln, brauchst du die Vergangenheitsform des Konjunktivs I. Sie wird gebildet aus den Konjunktiv I-Formen von *sein* oder *haben* + Partizip II:
Direkte Rede im Perfekt: *Sie sagt: „Er ist mir gestern nicht über den Weg gelaufen."*
Indirekte Rede im Perfekt: *Sie sagt, er sei ihr gestern nicht über den Weg gelaufen.*
Direkte Rede im Präteritum: *Dabei behauptet er: „Sie ließ mich seit Tagen nicht mehr aus den Augen."*
Indirekte Rede im Präteritum: *Dabei behauptet er, sie habe ihn seit Tagen nicht mehr aus den Augen gelassen.*

Konjunktiv II

Den Konjunktiv II verwendest du, um Wünsche oder Vorstellungen zu äußern:
Ich wäre gerne reich und berühmt.
Du benutzt ihn aus Höflichkeit: *Könntest du mir die Kartoffeln reichen?*
Du verwendest ihn, wenn du etwas Unwirkliches oder Unwahrscheinliches kennzeichnen willst:
Ich würde mit meinem Fahrrad gern zum Mond fahren.

Die Formen des Konjunktivs II werden von den Indikativ-Präteritumsformen der Verben abgeleitet:

Infinitiv	kommen	kaufen	wissen
Person/Singular			
1. ich	käme	(kaufte) würde kaufen*	wüsste
2. du	kämest	(kauftest) würdest kaufen*	wüsstest
3. er/sie/es	käme	(kaufte) würde kaufen*	wüsste
Person/Plural			
1. wir	kämen	(kauften) würden kaufen*	wüssten
2. ihr	kämet	(kauftet) würdet kaufen*	wüsstet
3. sie	kämen	(kauften) würden kaufen*	wüssten

*Unterscheidet sich der Konjunktiv II nicht vom Präteritum Indikativ, nimm die würde-Form. Auch komplizierte Konjunktivformen kannst du mit „würde" umschreiben.

Direkte Rede: Der Trainer sagte: „*Wir machen weiter.*"	Präsens Indikativ
Indirekte Rede, 1. Versuch: Konjunktiv I: *Der Trainer sagte, sie machen weiter.*	Geht nicht, da Konjunktiv I wie Präsens Indikativ lautet.
Indirekte Rede, 2. Versuch: Konjunktiv II: *Der Trainer sagte, sie machten weiter.*	Geht nicht, da Konjunktiv II wie Präteritum Indikativ lautet.
Indirekte Rede, 3. Versuch: würde-Form: *Der Trainer sagte, sie würden weiter machen.*	Geht.

Aktiv und Passiv

Du kannst entscheiden, ob du einen Satz im Aktiv oder im Passiv schreiben willst. Im Aktivsatz stellst du die Person, die eine Handlung ausführt, in den Mittelpunkt: *Henrike repariert ihr Fahrrad.*
Mit einem Passivsatz wird der Blick auf die Person oder Sache gerichtet, mit der etwas geschieht, oder auf die Handlung selbst:
Das Fahrrad wird von Henrike repariert.
Das Passiv wird auch verwendet, wenn der Auslöser der Handlung nicht bekannt ist:
Graffiti wurden an die Wände gesprüht.
Oft findest du das Passiv auch bei Gebrauchsanweisungen und Anleitungen:
Zuerst werden alle Zutaten in den Topf getan.

Wenn du einen Aktivsatz in einen Passivsatz umwandelt, wird das Objekt des Aktivsatzes zum Subjekt des Passivsatzes. Das Subjekt des Aktivsatzes kann im Passivsatz auch entfallen. Die Passivformen von Verben bildest du mit *werden* und dem Partizip II.

Aktiv-Satz: *Carola* (Subjekt) *parkt das Auto* (Akkusativobjekt).

Passiv-Satz: *Das Auto* (Subjekt) wird (*von Carola*) geparkt.

Achte darauf, dass du das Futur I wegen der Verwendung von *werden* + Infinitiv nicht mit dem Passiv verwechselst.
Henrike wird ihr Fahrrad reparieren. (*werden* + Infinitiv = Futur I)
Das Fahrrad wird repariert. (*werden* + Partizip II = Passiv)

Formen des Passivs

Indikativ	Zeitformen des Aktivs	Zeitformen des Passivs
Präsens	Man sieht mich.	Ich werde gesehen.
Perfekt	Man hat mich gesehen.	Ich bin gesehen worden.
Präteritum	Man sah mich.	Ich wurde gesehen.
Plusquamperfekt	Man hatte mich gesehen.	Ich war gesehen worden.
Futur I	Man wird mich sehen.	Ich werde gesehen werden.
Futur II	Man wird mich gesehen haben.	Ich werde gesehen worden sein.

Präposition

Präpositionen (Verhältniswörter) gehören zu den unveränderlichen Wörtern. Eine Präposition bestimmt, in welchem Fall das Nomen und die Wörter vor dem Nomen stehen:
Genitiv – *wegen des Schnees,*
Dativ – *mit dem Fahrrad,*
Akkusativ – *auf das Dach.*

Präpositionen mit Genitiv: *(an)statt, trotz, während, wegen.*
Statt des T-Shirts solltest du lieber einen Pullover tragen.
Wegen des Regens bleibe ich zu Hause.
Während der Schulstunde habe ich vorgelesen.
Trotz des Sonnenscheins bin ich nicht nach draußen gegangen.

Präpositionen mit Akkusativ: *bis, durch, für, gegen, ohne, um, wider.*
Ich gehe durch das Zimmer.
Ich möchte dich für einen Moment sprechen.
Du beschimpfst mich ohne Grund.
Ich kämpfe nicht gegen dich.

Präpositionen mit Dativ: *aus, außer, bei, mit, nach, seit, von, zu.*
Dieses Handy ist aus der Mode.
Außer mir wussten das natürlich alle.
Beim Frühstück habe ich aus dem Fenster geschaut.
Ich rede mit Händen und Füßen.
Ich gratuliere dir zum Geburtstag.
Insa fährt zu ihrem Freund.

Präpositionen mit Akkusativ oder Dativ: *an, auf, hinter, in, neben, unter, vor, zwischen.*
Achtung: Ein Akkusativ folgt einer Präposition auf die Frage „Wohin?“
Ein Dativ folgt einer Präposition auf die Frage „Wo?“

Akkusativ (Wohin?)	Dativ (Wo?)
Ich lehne mich an das Geländer. Sie setzt sich auf das Fahrrad. Ich springe hinter das Tor. Er geht in das Zimmer.	Ich lehne am Geländer. Sie sitzt auf dem Fahrrad. Ich springe hinter dem Tor. Er steht im Zimmer.

Adverb

Adverbien gehören zu den unflektierbaren Wörtern. Mit Adverbien werden Sätze näher bestimmt, zum Beispiel hinsichtlich

- der Zeit mit temporalen Adverbien (*jetzt, dann, heute, nachts, sofort ...*),
- des Ortes mit lokalen Adverbien (*hier, nebenan, unten, dort, oben ...*),
- der Art und Weise mit modalen Adverbien (*so, gern, kaum, mindestens, ...*),
- des Grundes mit kausalen Adverbien (*deshalb, nämlich, jedenfalls, seinetwegen, folglich ...*).

Manche Adverbien verknüpfen Sätze miteinander. Die Adverbien stehen immer in einem Hauptsatz. Sie sind oft das erste Satzglied: *Ich will etwas essen. Zuerst werde ich aber etwas trinken.*

Ein Adverb kann im Satz eine adverbiale Bestimmung sein:
Ein Junge fiel plötzlich ins Wasser. Er ging sofort nach Hause.
Doch auch andere Wortarten können als einzelnes Wort eine adverbiale Bestimmung sein, beispielsweise das Adjektiv. Wenn du das Wort flektieren kannst, ist es ein Adjektiv: *Er lief schnell nach Hause. Er berichtete fröhlich seinen Freunden vom Training.*

Konjunktion

Konjunktionen verbinden Wörter, Wortgruppen und Sätze miteinander. Man unterscheidet zwei Arten:
1. nebenordnende Konjunktionen: Sie verbinden Wörter, Wortgruppen oder Sätze miteinander: *und, sowohl ... als auch, oder, entweder ... oder, sondern, denn ...*
Entweder ich gehe ins Kino oder ich gehe ins Restaurant.
Ich kann nicht mehr bleiben, sondern muss nach Hause gehen.
Wenn zwei Hauptsätze durch nebenordnende Konjunktionen verbunden werden, dann bleibt die Normalstellung der Satzglieder im zweiten Hauptsatz erhalten. Die Konjunktion ist sozusagen das „nullte" Satzglied. Es beeinflusst nicht die Stellung der anderen Satzglieder.
Sie legte sich ins Bett, denn sie war sehr müde.
2. unterordnende Konjunktionen: Sie verbinden Hauptsätze und Nebensätze: *als, als ob, anstatt dass, bevor, bis, da, damit, dass, ehe, falls, indem, nachdem, ob, ohne dass, seitdem, sodass, während, weil, wenn, wie ...*
Weil ich viel trainiert habe, gewinne ich das Rennen.

5.5 Satz

Satzglieder

Ein Satz ist die kleinste sprachliche Einheit, mit der man Gedanken äußern kann. Ein Satz kann aus einem einzigen Wort bestehen: „Gut!“ zum Beispiel als Antwort auf die Frage: „Wie geht es dir?“
Die meisten Sätze bestehen aus verschiedenen Satzgliedern. Satzglieder kannst du innerhalb eines Satzes verschieben, ohne dass sich durch den veränderten Satzbau der Sinn des Satzes ändert. Ein Satzglied kann aus einem Wort, einer Gruppe von Wörtern oder einem Satz bestehen.
Durch das Umstellen von Satzgliedern (Umstellprobe) kannst du herausfinden, wie du einen Satz besonders gut an den vorherigen Satz anschließen oder wie du ein Satzglied besonders betonen kannst. In der Satzlehre (Syntax) unterscheidet man vier Arten von Satzgliedern:

Subjekt:	Jarne I malte I gestern I ein Bild I in der Schule.
Prädikat:	Jarne I malte I gestern I in der Schule I ein Bild.
Objekte:	Ein Bild I malte I Jarne I gestern I in der Schule.
Adverbiale	Gestern I malte I Jarne I ein Bild I in der Schule.
Bestimmungen:	In der Schule I malte I Jarne I gestern I ein Bild.

Subjekt, Objekt und adverbiale Bestimmung kannst du in einem Satz umstellen, ohne seinen Sinn zu verändern. Nur das Prädikat steht in diesem Satz immer an der zweiten Satzgliedstelle.

Satzarten

Es werden vier Satzarten nach ihrem äußeren Aufbau, also nur formal, unterschieden:

- Hauptsatz bzw. Aussagesatz: Bei einem Hauptsatz bzw. Aussagesatz steht die Personalform des Prädikats an zweiter Stelle:
  Jennifer schreibt heute Nachmittag ihre Bewerbung.
- Fragesatz: Bei Entscheidungsfragen steht die Personalform des Prädikats an erster Stelle oder an zweiter Stelle, wenn der Fragesatz durch ein Fragepronomen eingeleitet wird: *Schreibt Jennifer schon ihre Bewerbung? Wann schreibt Jennifer ihre Bewerbung?*
- Aufforderungssatz: Hier steht der Imperativ des Prädikats an erster Stelle: *Schreib deine Bewerbung, Jennifer!*
- Nebensatz: Nebensätze hängen inhaltlich mit einem Hauptsatz zusammen und können der Form nach nicht alleine stehen. Im Nebensatz steht das Prädikat immer am Ende: *Jennifer hat morgen keine Zeit* (Hauptsatz), *weil sie ihre Bewerbung schreibt* (Nebensatz).

Subjekt und Prädikat

Die meisten Sätze im Deutschen bestehen mindestens aus einem Subjekt und einem Prädikat. Das Prädikat wird immer durch ein Verb gebildet.

Das Subjekt bezeichnet meistens jemanden oder etwas, von dem eine Handlung oder ein Vorgang ausgeht oder das in einem bestimmten Zustand ist. Das Prädikat benennt den Vorgang, die Handlung oder den Zustand.
Die Kinder toben. (Handlung)
Die Eltern basteln. (Vorgang)
Alle sind glücklich. (Zustand)

Durch das Prädikat erfährst du etwas über das Subjekt. Damit du die Beziehung zwischen Subjekt und Prädikat leicht erkennen kannst, übernimmt das Prädikat die Personal- und Anzahlform des Subjekts:
Ich lerne. Wir lachen. Er niest.
Oft ist das Prädikat mehrteilig:
Der Junge hat laut geniest.
Es kann auch einen Zusatz erhalten, der zum Verb gehört:
Der Ast bricht vom Baum ab.

Das Subjekt wird von einem Nomen oder Pronomen im Nominativ (1. Fall) gebildet. Du kannst es mit den Fragen „Wer?" oder „Was?" ermitteln.
Die Kinder bauen ein Baumhaus. Wer baut ein Baumhaus?
Das Baumhaus ist aus Holz. Was ist aus Holz?
Eine weitere Methode, das Subjekt zu bestimmen, ist die Pluralprobe. Setze dazu alle Nomen und Personalpronomen in den Plural. Wenn du auch das Prädikat ändern musst, hast du das Subjekt gefunden:

- *Wie die Qualle so liebt der Urlauber den Strand.*
- *Wie die Quallen so liebt der Urlauber den Strand.*
  → Qualle ist nicht Subjekt
- *Wie die Quallen so liebt der Urlauber die Strände.*
  → Strand ist nicht Subjekt
- *Wie die Quallen so lieben die Urlauber den Strand.*
  → Urlauber ist Subjekt!

Objekte

Objekte (dt. Ergänzungen) sind Satzglieder. Objekte sind eng mit dem Verb verbunden. Denn das Verb legt fest, in welchem Fall ein Objekt steht und wie viele Objekte für einen sinnvollen Satz erforderlich sind.

Man unterscheidet vier Arten von Objekten:

1. Genitiv-Objekt: Er enthält sich (wessen?) der Stimme.
2. Dativ-Objekt: Er steht (wem?) dem Klassensprecher bei.
3. Akkusativ-Objekt: Sie fragt (wen oder was?) den Mitschüler.
4. präpositionales Objekt Er achtet auf (auf was?) die Uhrzeit.

Ein präpositionales Objekt erfragst du immer mithilfe der Präposition, die zum Verb gehört.

Wenn die Hilfsverben „sein" und „werden" als Vollverben verwendet werden, findest du manchmal als Satzglied den Gleichsetzungsnominativ. Er ist eine Art „Objekt" im Nominativ:
Der Tag ist (was?) ein Erfolg. Objekte sind (was?) Satzglieder. Niklas wird (was?) Bergsteiger.

Achte auf den Zusammenhang von Verb und Objekt:

- *Er schläft.*
  Diese Aussage ist vollständig. Das Verb *schlafen* erfordert keine Objekte.
- *Er betrachtet.*
  Diese Aussage ist unvollständig. Man will wissen, wen er betrachtet. Das Verb verlangt ein Akkusativ-Objekt:
  Er betrachtet den Sternenhimmel.
- *Er hilft.*
  Auch diese Aussage ist unvollständig. Man will wissen, wem er hilft. Das Verb verlangt ein Dativ-Objekt:
  Er hilft seinem Bruder.
- *Er schenkt.*
  Das Verb *schenken* verlangt das Dativ- und Akkusativobjekt für einen sinnvollen Satz:
  Er schenkt seinem Freund einen Ball.

Adverbiale Bestimmungen

Im Unterschied zu den Objekten sind adverbiale Bestimmungen unabhängig vom Verb und können oft weggelassen werden. Dennoch sind adverbiale Bestimmungen sehr nützlich, da du mit ihnen genaue Angaben machen kannst.

Es werden vier Arten von adverbialen Bestimmungen unterschieden:
1. Zeit (temporal: wann, wie lange, wie oft?..,): *Er ging heute zum Rudern.*
2. Ort (lokal: wo, woher, wohin? ...): *Die Ruderboote waren im Schuppen.*
3. Art und Weise (modal: wie, wie sehr?...): *Sie trainierten hart.*
4. Grund (kausal: warum?, wieso?...): *Sie werden morgen wegen der Regatta noch härter trainieren.*

Beachte den folgenden Unterschied:
Besteht eine adverbiale Bestimmung aus einer Wortgruppe, beginnt sie oft mit einer Präposition:
Sie ruderten auf dem Fluss. Sie sahen zum Ufer.
Deshalb sind adverbiale Bestimmungen von präpositionalen Objekten oftmals schwer zu unterscheiden. Ein sicheres Zeichen für präpositionale Objekte ist, dass du sie mithilfe der Präposition erfragen kannst, die zum Verb gehört:
Adverbiale Bestimmung: *Stefan ruderte (wo?) auf dem Fluss.*
Präpositionales Objekt: *Stefan achtete (auf wen?) auf seinen Vordermann.*

Auch Sätze können eine adverbiale Bestimmung sein:
Als sie auf dem Fluss ruderten (wann?), beobachteten sie den Straßenverkehr.
Sie belegten auf der Regatta den ersten Platz, weil sie viel trainiert haben (warum?).

5.6 Attribute

Um ein Nomen näher zu bestimmen oder zu charakterisieren, verwendest du Attribute.
Das erste Training der Woche ist vorbei.
Attribute sind Teile von Satzgliedern, keine selbstständigen Satzglieder. Sie ergänzen ein Nomen (Training), das in einem Satzglied (hier: dem Subjekt) steht. Attribute können links oder rechts bzw. vor oder nach dem Nomen stehen, zu dem sie gehören.

1. Adjektiv-Attribut:	*Das neue Ruderboot ist aus Holz.*
2. Pronominales Attribut:	*Mein Ruder ist kaputt.*
3. Adverbiales Attribut:	*Das Ruderboot dort ist repariert.*
4. Genitiv-Attribut:	*Der Besitzer der Boote ist heute da.*
5. Präpositionales Attribut:	*Das Boot im Wasser hat ein Leck.*
6. Relativsatz-Attribut:	*Der Verein, der außerhalb der Stadt liegt, hat viele Mitglieder.*
7. Apposition als Attribut:	*Christian, der beste Ruderer, gewann schon viele Rennen.*

Beachte, dass die Apposition immer den Fall des Nomens, auf das es sich bezieht beibehält: *Von diesem Jungen, einem fleißigen Sportler, kann man noch viel lernen.*

Der Relativsatz wird auch Attributsatz genannt. Er wird mit den Relativpronomen *der, die, das, welcher, welche, welches* eingeleitet. In Relativsätzen steht die Personalform des Verbs am Ende:
Die Ruderer, die schon seit Stunden unterwegs sind, kehrten endlich zum Anleger zurück.
Das Relativpronomen muss nicht das erste Wort eines Relativsatzes sein: *Ich helfe den Ruderern, von denen einige sehr erschöpft sind, beim Säubern der Boote.*

Durch die Umstellprobe kannst du Attribute von adverbialen Bestimmungen unterscheiden. Adverbiale Bestimmungen sind Satzglieder, du kannst sie umstellen. Attribute bleiben dagegen in der Regel beim Nomen, zu dem sie gehören.
Das Boot mit dem Leck muss repariert werden.
→ *Mit dem Leck repariert das Boot werden.* → *geht nicht*
→ *Mit dem Leck = Präpositionales Attribut.*

5.7 Satzreihe und Satzgefüge

Satzreihe

Eine Satzreihe (Parataxe) entsteht, wenn du Hauptsätze durch Konjunktionen oder Kommas verbindest:
Fatima spielt gerne Schach, trainiert im Schachverein und liest viele Bücher übers Schachspiel. Deshalb ist sie unserer Klasse unbesiegbar, keiner hat gegen sie eine Chance.

Satzgefüge

Ein Satzgefüge (Hypotaxe) entsteht, wenn du einen Hauptsatz und Nebensatz verbindest. Den Hauptsatz erkennst du daran, dass die Personalform des Verbs das zweite Satzglied bildet. Im Nebensatz findest du die Personalform des Verbs an letzter Stelle.
Nebensätze werden stets durch Kommas von anderen Sätzen abgetrennt. Nebensätze können dem Hauptsatz vorangestellt, nachgestellt oder in ihn eingeschoben sein.

Konjunktionale Nebensätze

Adverbialsätze: *Als Fatima nach Hause kommt, klingelt ihr Handy.*
Subjektsätze: *Dass sie den Anruf entgegen nimmt, ist selbstverständlich.*
Die Ersatzprobe zeigt dir, dass der dass-Satz das Subjekt ist:
Die Annahme des Anrufs ist selbstverständlich.
Objektsätze: *Manche erkennen erst spät, dass ein Handy-Vertrag teuer sein kann.*
Die Ersatzprobe zeigt dir, dass der dass-Satz das Akkusativobjekt ist:
Manche erkennen erst spät die Folgen eines Handy-Vertrags.

Weitere Nebensätze

Indirekte Fragesätze werden in der Regel durch ein Fragepronomen eingeleitet:
Fatima fragt sich, wer sie angerufen hat.
Relativsätze: *Das Handy, das ihr ihre Mutter geschenkt hat, ist sehr leicht und elegant.*
Infinitivsätze: *Sie unterbricht das Gespräch, um ins Haus gehen zu können.*
Partizipialgruppen: *Kaum in ihrem Zimmer angekommen, wird sie angerufen.*

5.8 Satzverknüpfungswörter

Damit deine Text besser zu lesen sind und die inhaltlichen Zusammenhänge sowie deine Gedanken deutlich werden, ist es sinnvoll, Sätze miteinander zu verknüpfen. Als Satzverknüpfungswörter stehen dir zur Verfügung:

- Konjunktionen, die Nebensätze einleiten:
  Patrick ging nicht zur Schule, weil er krank war.
- Konjunktionen, die Hauptsätze einleiten:
  Patrick blieb zu Hause. Denn er war krank.
- Adverbien, mit denen du Hauptsätze verbindest:
  Patrick hatte eine Erkältung. Deshalb nahm er Medizin.

Konjunktionen in Hauptsätzen beeinflussen nicht die Satzstellung der übrigen Satzglieder. Sie werden nicht mitgezählt, sondern sind das „nullte" Satzglied. Daher folgt im Beispiel oben nach der Konjunktion das Subjekt.
Adverbien in Hauptsätzen sind vollwertige Satzglieder und beeinflussen die Stellung der übrigen Satzglieder. Daher folgt im Beispiel nach dem Adverb das Prädikat.

Satzverknüpfungswörter, mit denen du Wörter und Sätze aneinanderreihen und aufzählen kannst

und, sowie, oder, außerdem, ferner, überdies, dazu, dann, zudem

Ich programmiere Spiele und ich chatte gern im Internet.
Ich programmiere Spiele. Überdies chatte ich gern im Internet.

Satzverknüpfungswörter, die Begründungen herstellen, etwas begründen, einen wirklichen Grund angeben (Frage: Warum?)

weil, da, denn, deshalb, daher, deswegen, darum

Ich gehe zu einem Bewerbungstraining, da ich bei den Tests gut abschneiden will.
Ich telefoniere gern. Deshalb habe ich eine hohe Telefonrechung.

Satzverknüpfungswörter, die eine Bedingung bzw. einen möglichen Grund angeben (Frage: Unter welcher Bedingung? Warum? Wieso?)

wenn, falls, sofern

Wenn ich viel trainiere, bestehe ich die Prüfung.

Satzverknüpfungswörter, die einen Zweck oder Absicht angeben (Frage: Wozu?)

Damit, um ...zu, dazu, dafür

Ich gehe zu einem Bewerbungstraining, damit ich bei den Tests gut abschneide.
Ich gehe zu einem Bewerbungstraining, um bei den Tests gut abzuschneiden.

Satzverknüpfungswörter, die eine Folge und Wirkung angeben (Frage: Mit welcher Folge/Wirkung?)

sodass, so … dass, also, folglich, mithin

Ich bin so satt, dass ich nichts mehr essen kann.
Ich bin satt. Also werde ich nichts mehr essen.

Satzverknüpfungswörter, die etwas einräumen (Frage: Trotz welchen Hindernisses?)

obwohl, obgleich, wenn auch, selbst wenn, trotzdem, dennoch, aber

Obwohl ich lange geschlafen habe, bin ich sehr müde.
Selbst wenn ich mich sehr beeile, komme ich zu spät zum Bahnhof.

Satzverknüpfungswörter, die Umstände oder Mittel angeben (Frage: Womit? Wodurch? Wie?)

indem, ohne dass, dadurch, damit

Meine theoretische Führerscheinprüfung bestehe ich, indem ich sehr viel lerne.
Ich lerne sehr viel. Damit schaffe ich die theoretische Führerscheinprüfung.

Satzverknüpfungswörter, die etwas zeitlich einordnen (Frage: Wann? Seit wann?)

nachdem, bevor, ehe, wenn, seit, bis, während, als, danach, vorher, bisher

Während er nachdachte, hörte er Radio.
Bevor er aß, war er hungrig.
Nachdem er gegessen hatte, war er satt.

6 Rechtschreib-Wissen

6.1 Groß- und Kleinschreibung

Du weiß, dass du alle Nomen großschreiben musst. Denke daran, dass jedes Wort nominalisiert werden kann. Achte auf die Artikel, Adjektive, Pronomen und Präpositionen als Begleiter des Nomens:
Wir fahren ins Blaue (ins = in das). Sein Lachen ist überall zu hören.
Sie ist etwas Besonderes. Mit dem Halbfinale kam das Aus.

Sonderfälle der Kleinschreibung

Klein schreibst du die Wörter, die formgleich als Nomen vorkommen, aber keine Merkmale eines Nomens mehr aufweisen. Dazu gehören folgende Verbindungen:

sein *bleiben* *werden*	+	*angst, bange, gram, klasse, leid, pleite, recht, schuld, spitze, unrecht, weh, wurst*

Wegen der fehlenden Gewinne wird er bald pleite sein.
Ob sich Alex und Marina verstehen, kann dir doch wurst sein.

Groß- wie kleingeschrieben werden *recht/Recht* und *unrecht/Unrecht* in Verbindung mit Verben wie *behalten, bekommen, geben, haben, tun.*

Groß- und Kleinschreibung bei Wortgruppen aus Adjektiv und Nomen

Bei Wortgruppen aus Adjektiv und Nomen schreibst du das Adjektiv klein: *meine neue CD.*
Bei folgenden Wortgruppen schreibst du das Adjektiv groß:
- bei Eigennamen: *das Rote Kreuz, das Schwarze Meer, der Große Bär am Sternenhimmel,*
- bei Titeln, Ehrenbezeichnungen, Amts- und Funktionsbezeichnungen: *der Technische Direktor, die Königliche Hoheit, der Regierende Bürgermeister,*
- bei besonderen Kalendertagen: *der Internationale Frauentag,*
- bei fachsprachlichen Bezeichnungen: *das Schwarze Meer, der Rote Milan, das Neue Testament.*

6.2 Getrennt- und Zusammenschreibung

Getrennt- und Zusammenschreibung von Adjektiven und Verben

Bei Verbindungen von Adjektiven und Verben musst du Folgendes beachten:

- Du kannst die Verbindung getrennt oder zusammenschreiben, wenn das Adjektiv das Ergebnis der Handlung beschreibt:
  - *Jens möchte das Fahrrad blank putzen (oder blankputzen)* = blank ist das Ergebnis des Putzens
  - *Sarah wird die Gurken klein schneiden (oder kleinschneiden)* = klein ist Ergebnis des Schneidens
- Du schreibst die Verbindung zusammen, wenn Adjektiv und Verb zusammen eine neue Bedeutung ergeben. Oft kannst du diese Bedeutung durch ein Wort ersetzen.
  - *Nico möchte den Fehler richtigstellen (= berichtigen).*
  - *Ob ich die Aufgaben erledigen kann, werde ich gleich feststellen (= prüfen, testen usw.).*
- Die übrigen Verbindungen von Adjektiven und Verben schreibst du getrennt. Dazu gehören vor allem Verbindungen mit längeren oder erweiterten Adjektiven.
  - *Klaus wird sein Fahrrad quietschgelb streichen.*
  - *Bei dem Wettkampf werde ich sehr schnell rennen.*

Getrennt- und Zusammenschreibung von Nomen und Verben

- Nomen und Verben schreibst du meistens getrennt: *Ich werde Rad fahren. Morgen will ich einen Kuchen backen.*
- Manche Nomen und Verben bilden untrennbare Zusammensetzungen. Man schreibt sie zusammen: *brandmarken, handhaben, lobpreisen, nachtwandeln, schlussfolgern.*
- Du schreibst die Verbindungen zusammen, bei denen die ersten Bestandteile die Eigenschaften selbstständiger Nomen weitgehend verloren haben: *bankrottgehen, eislaufen, kopfstehen, leidtun, nottun, pleitegehen, standhalten, stattfinden, stattgeben, statthaben, teilhaben, teilnehmen, wundernehmen.* Beachte: *Es tut mir leid. Die Firma geht pleite.*
- Bei einigen Verbindungen kannst du selbst entscheiden, ob du getrennt oder zusammenschreiben willst: *danksagen/Dank sagen, er sagt Dank, staubsaugen/Staub saugen, er saugt Staub, delfinschwimmen/Delfin schwimmen, sie schwimmt Delfin, achtgeben/Acht geben* (aber nur: *sehr achtgeben, aller größte Acht geben*), *achthaben/Acht haben, haltmachen/Halt machen, maßhalten/Maß halten.*

Getrennt- und Zusammenschreibung von Verben und Verben

Verbindungen aus zwei Verben werden getrennt geschrieben. Verbindungen mit *lassen* und *bleiben* als zweitem Bestandteil kannst du zusammenschreiben, wenn eine übertragene Bedeutung vorliegt. *Sie wollte ihn stehen lassen/stehenlassen* (= sich von ihm abwenden). Dasselbe gilt für *kennen lernen/kennenlernen.*

Besonderheiten der Getrennt- und Zusammenschreibung

Folgende Wörter schreibst du zusammen:
bergab, diesmal, ebenso, einigermaßen, einmal, genauso, gleichermaßen, indessen, irgendeinmal, irgendetwas, irgendwer, keinmal, kopfüber, landein, sowieso, stromabwärts, tagsüber, unterdessen, zuerst, zuletzt, zunächst, zweifelsohne …

Folgende Verbindungen schreibst du getrennt:
das erste Mal (aber: einmal), den Fluss abwärts (aber: flussabwärts), dies eine Mal (aber: diesmal), gar kein, gar nicht, gar nichts, irgend so einer, irgend so etwas, so viele Lernwörter, wie viel, wie weit, zu Ende gehen, zu Fuß gehen, zu Hause bleiben, zu Hilfe kommen, zu viel Schlaf …

Bei diesen Fällen kannst du selbst entscheiden, ob du getrennt oder zusammenschreiben willst:
anstelle/an Stelle, auf seiten/auf Seiten, aufgrund/auf Grund, die notleidende Bevölkerung/die Not leidende Bevölkerung, holzverarbeitende Industrie/Holz verarbeitende Industrie, engverwandt/eng verwandt, imstande/im Stande sein, infrage/in Frage stellen, instand/in Stand setzen, kleingeschnitten/klein geschnitten, mithilfe/mit Hilfe, schwerkrank/schwer krank, sodass/so dass, zugrunde/zu Grunde richten, zugunsten/zu Gunsten, zulasten/zu Lasten, zuleide/zu Leide tun, zumute/zu Mute sein, zuschulden/zu Schulden kommen lassen, zustande/zu Stande bringen, zuungunsten/zu Ungunsten ...

6.3 Zeichensetzung

Punkt und Komma

Alles, was zu einem Verb gehört, bildet eine Sinneinheit, einen Satz, und wird durch ein Satzzeichen von anderen Sätzen abgetrennt. Ist die Sinneinheit abgeschlossen, steht ein Punkt.
Das Komma trennt einen Nebensatz vom Hauptsatz: *Wir lesen viel, wenn das Buch spannend ist.*
Das Spiel, das ich mir gekauft habe, gefällt mir.

Kommasetzung bei Aufzählungen

Bei Aufzählungen von Wörtern oder auch ganzen Sätzen werden Kommas eingefügt. Das Komma wird durch *und* oder *oder* aufgehoben: *Feliz ordnete heute ihre Bücher, Hefte und legte ein Portfolio an.*

Kommasetzung bei Satzreihen (Parataxe)

Hauptsätze, die man als zusammengehörig kenntlich machen will, kann man durch Kommas abtrennen:
Die Eltern spielten Karten, die Kinder lösten Sudokus.
Wenn zwei Hauptsätze durch *und* oder *oder* verbunden sind, kann das Komma wegfallen.
Bei der Reihung von Sätzen, die durch *und, oder, beziehungsweise/bzw., entweder – oder, nicht – noch* oder durch *weder – noch* verbunden sind, kannst du ein Komma setzen, um die Gliederung des Satzes deutlich zu machen.
Der Tee war endlich fertig, und sie machten es sich im Wohnzimmer gemütlich.
Weder wusch er das Auto, noch reparierte er das Fahrrad.
Er malte das Meer, und die Boote trieben auf dem Wasser.
Entweder drehen die Schwimmer jetzt bald wieder um, oder sie werden noch ertrinken.

Kommasetzung bei dass-Sätzen

Die Konjunktion dass wird oft falsch geschrieben. Mit *dass* wird meistens ein Nebensatz (Objekt- oder Subjektsatz) eingeleitet. Im dass-Satz wird ein Gedanke fortgesetzt und vervollständigt. Dass-Sätze folgen oft nach Verben wie *wissen, meinen, glauben, sagen, hoffen, denken, vermuten …*
Manchmal wird die Konjunktion *dass* mit dem Demonstrativpronomen *das* verwechselt:
Ich glaube, ***dass*** *das ein Missverständnis <u>ist</u>.* (*dass* = Konjunktion im Objektsatz.)
Ich glaube, ***das*** *<u>ist</u> ein Missverständnis.* (*das* = Demonstrativpronomen im Hauptsatz, kann durch *dies* oder *dieses* ersetzt werden)

Außerdem wird die Konjunktion *dass* mit dem Relativpronomen *das* verwechselt:
Ich bin so hungrig, ***dass*** *ich in großer Eile esse.* (*dass* = Konjunktion im Nebensatz)
Ich nehme mir ein Stück Kuchen, ***das*** *ich in großer Eile esse.* (*das* = Relativpronomen im Relativsatz, kann durch *welches* ersetzt werden)

Die Ersatzprobe hilft dir festzustellen, ob du *dass* oder *das* schreiben musst. Probiere, ob du an Stelle von *das/dass* entweder ein Demonstrativpronomen *dies/dieses* oder ein Relativpronomen *welches* einsetzen kannst. Geht das nicht, schreibst du *dass*.

Kommasetzung bei direkter Rede

Durch Anführungszeichen kennzeichnest du die direkte Rede in einem Text. Oft weist ein Begleitsatz auf die wörtliche Rede hin. Beachte die Satzzeichen.

- Begleitsatz vorangestellt: *Jannik sagte: „Ich gehe zum Training."*
- Begleitsatz nachgestellt: *„Ich fahre mit dem Fahrrad", sagte Jannik.*
  „Wann bist du wieder da?", fragte Svenja. „Ich weiß es noch nicht!", rief Jannik.
  Beachte: In der wörtlichen Rede steht nach einem Aussagesatz kein Punkt, wenn der Begleitsatz nachgestellt ist.
- Begleitsatz eingeschoben: *„Ich trainiere für den Wettkampf", erklärte Jannik, „ich weiß nicht, wann ich fertig bin."*

Kommasetzung bei Infinitivgruppen

Infinitivgruppen grenzt du dann mit Komma(s) ab,

- wenn die Infinitivgruppe mit *um, ohne, statt, anstatt, außer, als* eingeleitet wird:
  Ich rufe ihn an, um ihn einzuladen.
- wenn die Infinitivgruppe von einem Nomen abhängt:
  Er fasste den Plan, morgen abzureisen.
- wenn die Infinitivgruppe von einem Verweiswort abhängt:
  Sabine mag es, mit Fabian zu reden. Fabian hat nicht damit gerechnet, Sabine wieder zu treffen.
- um Missverständnisse zu vermeiden: *Ich hoffe, jede Woche etwas zu gewinnen. Ich hoffe jede Woche, etwas zu gewinnen.*

Bei einem einfachen Infinitiv kannst du das Komma auch weglassen.
Er versucht zu schlafen.

7 Übersicht über die Operatoren im Fach Deutsch

In jeder Aufgabenstellung werden dir Anweisungen gegeben. Diese Anweisungen nennt man Operatoren. Du musst die Operatoren genau beachten, um die Aufgaben richtig lösen zu können.
Grundsätzlich werden die Operatoren einem Anforderungsbereich zugeordnet. Jeder Anforderungsbereich stellt unterschiedliche Ansprüche.
Bei dem *Anforderungsbereich I* geht es um die Wiedergabe von Wissen. Es wird von dir erwartet, dass du über die notwendigen inhaltlichen und methodischen Kenntnisse verfügst.
Bei dem *Anforderungsbereich II* wird von dir die Neuordnung und Strukturierung von Kenntnissen verlangt. Du musst also die aus der Thematik, dem Material und der Aufgabenstellung erwachsenden Fragen bzw. Probleme selbstständig erfassen, einordnen, strukturieren und verarbeiten. Das gilt auch für die entsprechende gedankliche und sprachliche Bearbeitung des Problems bzw. der Thematik.
Bei dem *Anforderungsbereich III* geht es um begründete Überlegungen und Lösungen. Es wird von dir gefordert, dass du eine komplexe Problemstellung, Thematik oder entsprechendes Material eigenständig überdenkst, reflektierst, bewertest bzw. beurteilst. Man kann auch von dir gegebenenfalls die Entwicklung eigener Lösungsansätze verlangen.
Mit dem Anforderungsbereich steigt zugleich der Schwierigkeitsgrad. Bei den schriftlichen Arbeiten liegt der Schwerpunkt in der Regel auf dem Anforderungsbereich II, der ungefähr 50 % der Leistungen ausmacht.

Operatoren, die *schwerpunktmäßig* Leistungen im **Anforderungsbereich I** verlangen:

benennen, nennen	zielgerichtet Informationen zusammentragen, ohne diese zu kommentieren
beschreiben	Textaussagen oder Sachverhalte in eigenen Worten strukturiert wiedergeben
wiedergeben	Inhalte bzw. Zusammenhänge verkürzt mit eigenen Worten formulieren.
zusammenfassen	Inhalte, Aussagen, Zusammenhänge komprimiert und strukturiert wiedergeben
darstellen	einen Sachverhalt, Zusammenhang, methodische Entscheidung strukturiert formulieren

Operatoren, die *schwerpunktmäßig* Leistungen im **Anforderungsbereich II** verlangen:

untersuchen, erschließen	an Texten, Textaussagen, Problemstellungen, Sachverhalten kriterienorientiert bzw. fragengeleitet arbeiten
darstellen	einen Zusammenhang, ein Analyseergebnis, eine Problemstellung sachlich, strukturiert formulieren
deuten	literarische Phänomene (Texte, Textteile, sprachliche Bilder, Vergleiche, Metaphern, Personifikationen, Symbole etc.) in ihrer übertragenen Bedeutung verstehen und beschreiben
einordnen	einen Inhalt, eine Aussage, eine Problemstellung, einen Sachverhalt in einen vorgegebenen oder selbst gewählten Kontext (Zusammenhang) einbeziehen
vergleichen	Texte, Textaussagen, Problemstellungen, Sachverhalte unter vorgegebenen oder selbst gewählten Aspekten auf der Grundlage von Kriterien gegenüberstellen, in Beziehung setzen und analysieren, um Gemeinsamkeiten, Unterschiede, Teil-Identitäten, Ähnlichkeiten, Abweichungen oder Gegensätze ermitteln zu können
erklären	Textaussagen, Sachverhalte auf der Basis von Kenntnissen und Einsichten darstellen
erläutern	wie „erklären“, aber durch zusätzliche Informationen und Beispiele veranschaulichen
charakterisieren	ein Ereignis, einen Ablauf, einen Zustand, eine Figur (Person) in seinen bzw. ihren zentralen wesentlichen Erscheinungsformen erfassen, beschreiben
in Beziehung setzen	Analyseergebnisse, Textaussagen, Sachverhalte, Problemstellungen mit vorgegebenen oder selbstgewählten Aspekten in Verbindung bringen

Operatoren, die *schwerpunktmäßig* Leistungen im **Anforderungsbereich III** verlangen:

beurteilen	zu einem Text, einer Textaussage, einem Sachverhalt, einer Problemlösung, einer Problematik mit Bezug auf Fachwissen und -erkenntnis oder auch Weltwissen bzw. Erfahrung zu einem selbstständigen, begründeten Urteil bzw. Sachurteil gelangen
bewerten	wie Operator „beurteilen“, verbunden mit der Offenlegung (begründeter) eigener Wertmaßstäbe, die sich aus (ausgewiesenen) Normen und Werten ableiten
(kritisch) Stellung nehmen	die Einschätzung einer Problemstellung, Problemlösung, eines Sachverhaltes, einer Wertung auf der Grundlage fachlicher Kenntnis und Einsicht oder auch Weltwissen bzw. Erfahrung nach kritischer Prüfung und sorgfältiger Abwägung formulieren
begründen	ein Analyseergebnis, Urteil, eine Einschätzung, eine Wertung fachlich, sachlich oder durch Erfahrungswert bzw. Weltwissen absichern (durch einen entsprechenden Beleg, Beispiele, eine Argumentation)
sich auseinandersetzen mit	zu einer (fachlichen) Problemstellung oder These eine Argumentation entwickeln, die zu einem begründeten und nachvollziehbaren Ergebnis führt
prüfen, überprüfen	eine Textaussage, These, Argumentation, ein Analyseergebnis, einen Sachverhalt auf der Grundlage eigener Kenntnisse, Einsichten oder Textkenntnis auf ihre bzw. seine Angemessenheit hin untersuchen und zu Ergebnissen kommen
entwerfen, entwickeln	in Verbindung mit einer Textvorlage auf der Grundlage einer konkreten Arbeitsanweisung einen eigenen Text unter Benennung der notwendigen Entscheidungen und Arbeitsschritte planen und formulieren
gestalten	in Verbindung mit einer Textvorlage, auf der Grundlage einer konkreten Arbeitsanweisung einen eigenen Text nach ausgewiesenen Kriterien erarbeiten
Schlussfolgerungen ziehen	aus einem vorliegenden Text, aus Gedanken bzw. Aussagen gültige, nachvollziehbare Aussagen ableiten
verfassen	einen Text unter Beachtung der Vorgaben für eine bestimmte Textsorte formulieren

Die Operatoren „analysieren“ bzw. „interpretieren“ und „erörtern“ umfassen alle drei Anforderungsbereiche und verlangen von dir folgende Leistungen:

analysieren bzw. interpretieren	**Literarische Texte:** • Kerngedanken des Textes **erfassen**, zentrale Inhalte **erschließen** und **beschreiben** • Struktur des Textes **beschreiben** • Inhalt des Textes gekürzt **wiedergeben** • Deutungsvorstellungen **entwickeln** und formulieren • Text auf gattungsspezifische Formen und Merkmale hin **untersuchen** • formale (sprachlich-stilistische) Gestaltungsmittel **untersuchen** und ihre Wirkungsweise an Beispielen **darstellen** • einzelne sprachliche Bilder **deuten** • Textstellen/Textaussagen in größere Zusammenhänge einordnen • Textaussagen **bewerten/beurteilen** • Textdeutung **begründen** (auch mithilfe von Zitaten) • Analyseergebnisse zu den anfänglichen Vermutungen **in Beziehung setzen** Sachtexte: • Kerngedanken des Textes **erfassen** und **beschreiben** • Inhalt des Textes gekürzt **wiedergeben** • Struktur des Textes **beschreiben/evtl. Argumentationsgang erläutern** • Vermutungen über zentrales Anliegen/Intention/Funktion des Textes **entwickeln** • formale (sprachlich-stilistische) Gestaltungsmittel **untersuchen** und ihre Wirkungsweise an Beispielen **darstellen** • verschiedene Informationen auswählen, **wiedergeben, erklären, vergleichen** (auch mithilfe von Zitaten) • Textaussagen **bewerten/beurteilen** • Analyseergebnisse zu der anfänglichen Vermutungen **in Beziehung setzen** • Informationen aus linearen und nicht-linearen Texten **zusammenfassen** und so wiedergeben, dass insgesamt eine zusammenhängende Darstellung entsteht

erörtern	Thesen **entwickeln** • Argumentationsgang einer Vorlage **zusammenfassen** • Argumente sammeln und **nennen** • Argumente **in Beziehung setzen** und **zu einer Argumentationskette verknüpfen** • Argumente **begründen** (durch Beispiele veranschaulichen, durch Zitate belegen) • sich mit **Gegenargumenten auseinandersetzen** (Gegenargumente darstellen, überdenken, einbeziehen, zurückweisen) • Argumente **prüfen**, **bewerten** • einen Argumentationsgang verfassen, entwerfen (Argumente überlegt anordnen und Schlüsse ziehen) • zu einem Text, Sachverhalt (kritisch) **Stellung nehmen** / Stellungnahme **begründen**

Die Angaben und Erklärungen zu den Operatoren „analysieren" bzw. „interpretieren)" und „erörtern" enthalten in Grundzügen mögliche Leistungen, die von dir erwartet werden, damit du die jeweiligen Aufgabe lösen kannst. Allerdings wird von dir weder verlangt, dass du die Schritte in der vorgegebenen Reihenfolge löst, noch dass du alle Schritte umsetzt. Gehe davon aus, dass in der Aufgabenstellung dir noch genauer erklärt wird, was du zu tun hast.

Stichwortverzeichnis

Quellenverzeichnis

7 Helen Vreeswijk: *Chatroom-Falle*. Bindlach: Löwe 2009. S. 45 - 52

21 Kurtmartin Magiera: *kreisverkehr*. Aus: Künstlergilde in Nordrhein-Westfalen (Hrsg.): Übergänge. Gedichte. Mit einem Nachwort von Josef Reding. München: Delp 1975, S. 46/47

32 Per Nilsson: *So lonely*. Deutsch von Birgitta Kicherer. Hamburg: © Oetinger 1996

57 Monika Holthoff-Stenger: *„So ist lernen voi lässig"*. http://www.focus.de/schule/dossiers/neue-medien/paedagogik-so-lernen-ist-voi-lässig_aid_366513.html; Focus Magazin/Nr. 6 (2009)

68 Julia Böhme: *Mit Mama und Papa online*. http://www.nordsee-zeitung.de/Home/Nachrichten/Startseite/Mit-Mama-und-Papa-online_arid,526163_puid,1_pageid,52.html, Artikel vom 07.03.11

69 *Hinterlegte persönliche Daten im Internet 2008-2010*. In: JIM 2010 Jugend, Information, (Multi-)Media. Basisstudie zum Medienumgang 12- bis 19-Jähriger in Deutschland. Herausgeber: Medienpädagogischer Forschungsverbund Südwest, Stuttgart November 2010.

79 Jörg Birkel: *Ernährung muss einfach sein*. http://www.netzathlethen.de/Sportmagazin/Sportler-Ernaehrung/Ernaehrung-muss-einfach-sein-Interview-mit-Marc-Warnecke/4717845693061O1173; 23.09.2009

80 Christian Matthai: *10 Ernährungstipps für zukünftige Topmodels*. http://www.elitemodellookaustria.com/?p=205e, 16.03.2011

93 Wie viele Bundesbürger benutzen das Internet? Quelle: (N) Online-Atlas 2005

94 Zeichnung links: Gerhard Mester/CCC, www.c5.net
Zeichnung rechts: Jupp Wolter/Haus der Geschichte, Bonn

108 Hans-Jürgen Lenhart: ЯƎᗡИAИIƎHƆЯUᗡ. In: Poetische Sprachspiele, hg. v. Klaus Peter Dencker. Stuttgart: © Reclam 2002

109 Georg Heym: *Berlin I*. In: G. H.: Der ewige Tag. Leipzig: Rowohlt 1911

112 Heinrich Heine: *Wenn ich in deine Augen seh*. In: H. H.: Buch der Lieder. Hamburg: Hoffmann und Campe 1827